D3

5€

POCHES ODILE JACOB

W0294070

# ÊTRE PARENT AUJOURD'HUI

DU MÊME AUTEUR
CHEZ ODILE JACOB

*Nos bébés, nos ados* (avec Bernard Golse), 2008.
*Les Filles et les Pères*, 2007.
*Le Guide de l'adolescent. De 10 à 25 ans*, 2007.
*Mère et fils*, 2005.
*Petit ou grand anxieux ?*, 2002.
*L'Adolescence aux mille visages* (avec le Dr Daniel Marcelli), 1998.
*Le Sexe des émotions*, 1996.
*Tout est dans la tête. Émotion, stress, action* (avec le Dr Éric Albert), 1992.

ALAIN BRACONNIER

# ÊTRE PARENT AUJOURD'HUI

## Amour, bon sens, logique

Odile Jacob
poches

© ODILE JACOB, 2012, SEPTEMBRE 2013
15, RUE SOUFFLOT, 75005 PARIS

www.odilejacob.fr

ISBN : 978-2-7381-2998-7
ISSN : 1621-0654

Le Code de la propriété intellectuelle n'autorisant, aux termes de l'article L. 122-5, 2° et 3° a, d'une part, que les « copies ou reproductions strictement réservées à l'usage privé du copiste et non destinées à une utilisation collective » et, d'autre part, que les analyses et les courtes citations dans un but d'exemple et d'illustration, « toute représentation ou reproduction intégrale ou partielle faite sans le consentement de l'auteur ou de ses ayants droit ou ayants cause est illicite » (art. L. 122-4). Cette représentation ou reproduction, par quelque procédé que ce soit, constituerait donc une contrefaçon sanctionnée par les articles L. 335-2 et suivants du Code de la propriété intellectuelle.

# INTRODUCTION

Être un parent parfait ? Une ballade de l'impossible ! Virginie, mère de deux enfants, est franche quand elle me dit : « Vivement dimanche, pour être avec mes enfants, mais vivement lundi, pour penser un peu à moi. » Comment être aujourd'hui un parent « cool » sans être coulé par la culpabilité ?

Du doudou du bébé au portable de l'adolescent, nous n'avons que quelques années pour préparer le mieux possible nos enfants au monde de demain. Aussi comment ne pas vouloir être un parent parfait et que ses enfants deviennent des adultes bien avec eux-mêmes ?

Aujourd'hui souhaiter que les enfants soient, dans un monde nouveau, des adultes bien dans leur peau, c'est d'abord remettre en question les cinq principes de la fin du XX$^{e}$ siècle que ce livre interroge franchement. Ceux-ci ont contribué à mettre une pression parfois inutile sur les jeunes parents et les moins jeunes. Personne ne peut nier qu'un enfant a besoin d'amour pour grandir, s'épanouir et se construire. Mais où est le bon sens source de rigueur que tout enfant réclame ? « L'avenir, c'est comme aujourd'hui mais plus tard », disait un humoriste. Pour l'éducation des enfants, c'est vrai.

Quand on élève un enfant, il faut anticiper, mais il faut aussi que se développe un amour réciproque. Sans aller jusqu'à ce trait d'humour d'une maman agacée par son paresseux de fils : « Est-ce qu'un prix Nobel, c'est trop lui demander, après tout ce que j'ai fait pour lui ? », chaque parent peut demander à ses enfants de jouer « gagnant-gagnant » : les aimer mais aussi en être aimé. On peut se demander parfois où est passé ce besoin de réciprocité indispensable à l'amour.

Rendre ses enfants suffisamment optimistes, confiants dans l'avenir, fiers de mener les combats qui les attendent oblige à leur apprendre aussi à devenir responsables. Susciter en eux un désir de liberté et de fierté, une liberté de jouer pour prendre du plaisir mais aussi une liberté pour se sentir responsables est possible, et les aidera à avoir une bonne estime d'eux-mêmes. Tout parent, aimant ses enfants et leur souhaitant le meilleur avenir possible, ne désire-t-il pas d'abord leur transmettre un héritage qui les protégera des aléas de la vie ?

Oui, mais comment y parvenir ? En associant dès la naissance de l'enfant et tout au long de votre vie de parent, de façon simple et claire, les trois secrets d'une bonne éducation : l'amour, le bon sens, la logique qui permet de convaincre. En fait, ces secrets, vous les connaissez, ils sont en vous, mais il n'est pas toujours facile de les appliquer.

Ce livre veut vous aider à les exercer selon les situations qui se présentent. Votre bébé pleure et s'agite, votre enfant vous demande d'être présent et refuse de travailler, votre adolescent provoque et s'oppose, que faire ? Vous pouvez vous sentir les meilleurs parents qui soient, sans chercher à être parfaits, en donnant de l'amour tout en étant réalistes ; en pensant aux enfants mais aussi à vous ; en essayant de regarder le monde à travers leurs yeux mais aussi à travers les vôtres ; en favorisant les rires et en ne craignant pas les pleurs ; en cultivant l'humour plus que la colère ; en apprenant à exercer le pouvoir de convaincre, meilleur que le pouvoir de contraindre, en pratiquant ainsi le *soft power* plus souvent efficace que le *hard power*. Trouver la confiance en soi, avoir le sens des responsabilités et le goût de sourire constituent les trois piliers fondamentaux de cette éducation.

Parents, enseignants, médecins, psychologues, tous constatent, dans notre monde d'aujourd'hui, un nombre croissant d'enfants et d'adolescents plus difficiles que par le passé[1]. La vie repose de plus en plus sur le principe de plaisir plutôt que sur le principe de réalité. Mes quarante ans de vie professionnelle et personnelle m'ont permis de côtoyer deux générations de parents généralement bousculés et séduits par des messages en opposition à l'éducation trop stricte du passé. La perte du bon sens est devenue une menace éducative face à un monde de plus en plus complexe. Ce livre reprend point par point les erreurs éducatives du passé mais aussi les plus récentes et propose de nouvelles perspectives et de nouveaux refuges par temps d'orage !

# PREMIÈRE PARTIE

## ÊTRE PARENT AUJOURD'HUI : JOIE OU CAUCHEMAR ?

« Je me presse de rire de tout, de peur d'en pleurer. »

BEAUMARCHAIS, *Le Barbier de Séville*,
Acte I, scène 2.

*Chapitre 1*

# ÊTRE UN PARENT PARFAIT : LA BALLADE DE L'IMPOSSIBLE

Vous aviez pensé que, dans la vie, l'amour, le bon sens et la logique ne vous manquaient pas. Vous en étiez persuadé ? Eh bien... vos enfants arrivent, et ils vont vous faire douter de vos remarquables qualités. Ces capacités que vous possédez vont par moments être mises à rude épreuve. Vous découvrez, comme je l'ai fait moi-même en devenant parent, puis en écoutant et en cherchant à aider les parents qui me demandaient conseil, qu'il ne suffit pas de contempler avec plaisir ou avec lassitude les comportements de ses chérubins, mais qu'il faut agir. La réussite de l'éducation moderne se pose à la fois en termes d'enchantement, de fantaisie à insuffler, mais aussi en termes de réalisme et d'action soutenue par le bon sens et la lucidité. Au « principe d'amour » doit s'associer un « principe de réalité ».

## À table !

Qui peut mettre en doute que le repas pris en famille est un moment important dans la vie ? « À table... À table », répètent la maman mais aussi aujourd'hui le papa, face à l'inertie déclenchée par le message. À peine le mot est-il prononcé, qu'ils découvrent qu'être parents peut être source d'immenses joies, de véritables moments de bonheur comme de vrais cauchemars ou d'envie de partir en vacances à deux, là où au moins ils seront sûrs de trouver un refuge.

Vous étiez pourtant persuadé que ce moment partagé du repas allait être une occasion agréable de créer une vraie convivialité, que vous pourriez échanger autour des intérêts de chacun, lever les éventuels malentendus ou parler tout simplement de tout et de rien. Erreur ! Petit, l'enfant n'apprécie pas forcément ce que vous avez préparé ; un peu plus âgé, il refuse de répondre aux questions que vous lui posez... surtout si elles portent sur l'école ; adolescent, il s'est déjà servi dans le réfrigérateur du seul aliment indispensable à sa survie, le Nutella, et invoque une révision impérative qui l'oblige à s'enfermer dans sa chambre, ce qui n'est pas pour vous rassurer. Vous l'aviez pourtant prévenu qu'on ne parlerait pas ce soir des choses qui fâchent...

La pression de l'époque que nous traversons sur les parents n'arrange rien.

Ce livre est destiné à vous aider à résister et à user de vos compétences parentales le mieux et le plus souvent possible, quels que soient les problèmes qui se présentent. Vous aviez rêvé d'avoir un enfant, il est là. Durant toutes les années de son développement, vous espérez que tout se passe bien, qu'il sera heureux, qu'il profite de votre éducation et de votre expérience. *Vous découvrez alors que vous pouvez être un doux rêveur confronté à un petit être encore plus rêveur que vous*. Il ne pense qu'à jouer, encore à jouer, toujours à jouer. Il ne comprend pas pourquoi vous êtes si soucieux de son avenir, lui qui se prend pour un roi et elle pour une princesse puis, devenant adolescent, qui se croit celui qui n'a rien à apprendre de ses parents qu'il considère, d'ailleurs, comme des empêcheurs de tourner en rond. Alors que, durant des siècles, les parents ont élevé leurs enfants en prenant exemple sur leurs propres parents, aujourd'hui cette transmission menace d'être plus souvent à l'origine d'orages que de ciel bleu.

Après la scène emblématique du repas familial qui peut tout autant être un moment « plaisir » ou « déprimant », je commencerai par la scène du restaurant, que chacun d'entre nous a pu vivre. Décidément, les repas, c'est important.

## Trois histoires vraies

Comment trouver la bonne distance entre imposer ses enfants aux autres sans limites et l'intolérance de certains adultes à l'égard des enfants ?

### Seuls au monde

Partis dîner avec des amis après une journée de travail bien remplie, nous nous trouvons assis à une table à côté d'un couple apparemment sympathique, de toute évidence nouveaux parents d'un jeune bébé. Prêts à trouver cette ambiance agréable, nous faisons quelques sourires spontanés au bébé. Celui-ci, sans que nous en soyons l'origine – du moins l'espérons-nous –, commence à pleurer puis à pousser des cris stridents. Notre première réaction est de rester calmes et nous essayons d'entamer une conversation, qui n'est sûrement pas due au hasard, sur les chances de la France d'avoir un taux de natalité meilleur que dans d'autres pays européens. Nous imaginions peut-être que par transmission de pensée cela calmerait le bébé ! Malheureusement il n'en fut rien. Notre jeune voisin de table hurle désormais à plein régime et sa vigueur n'a d'équivalent que l'inflammation de nos tympans. Un de nos amis, sans doute cherchant à détendre l'atmosphère et à attirer l'attention de ses jeunes parents s'adresse directement à eux en leur disant : « Vous allez en faire un grand ténor ? » Ces derniers ne répondent pas et, sans aucune efficacité, multiplient caresses et sourires à leur chérubin qui n'a plus rien d'un ange. Sans oser nous le dire ouvertement, nous nous interrogeons probablement sur l'attitude des parents et faisons semblant de continuer une conversation qui devient de plus en plus hachée. Dans un louable souci de préserver ses clients, le restaurateur se posant probablement les mêmes questions que nous, mais connaissant son métier, nous propose discrètement de nous changer de table. Nous nous retrouvons devant la porte d'entrée de la cuisine mais préférons incontestablement les multiples odeurs des différents plats préparés que les hurlements, certes devenus plus intermittents, mais néanmoins régulièrement renouvelés de ce « petit sauvage ». Mais ce choix en fait n'en est pas un, car ce dernier semble avoir décidé de transformer l'existence de tout ce qui vit autour de lui en enfer. Et puis, au grand soulagement de la clientèle, le trio perturbateur paie l'addition et quitte les lieux en nous jetant un incontestable regard réprobateur.

Serions-nous totalement inaptes à supporter qu'un enfant pleure ? Serions-nous incapables de comprendre que l'on peut parfois être contraint de prendre le train ou l'avion assis à côté de tout-petits, ce que chacun doit bien accepter ? Serions-nous si intolérants à l'égard de jeunes parents qui n'ont peut-être pas pu s'adjoindre les services d'une baby-sitter ou avoir des grands-parents complaisants ?

Pour autant, imposer aux autres les hurlements d'un nourrisson relève soit d'une totale inconscience, soit d'un manque de savoir-vivre, soit d'un culte sans réserve de l'enfant-roi, qui risque de devenir alors un enfant-tyran. Toute tolérance a ses limites.

Il ne faudra pas s'étonner que, si cette situation est représentative de l'exercice de la fonction parentale aujourd'hui, ce bébé, beaucoup plus imprégné du monde environnant qu'on ne le pensait par le passé[1], devenu enfant, puis adolescent ne supporte aucune contrainte, s'oppose systématiquement à l'autorité de ses professeurs et s'intègre difficilement au monde adulte.

Nous voyons, dans cette scène, des parents dont les caresses et les sourires témoignent sans aucun doute de l'amour qu'ils portent à leur enfant, mais qui illustrent aussi la confusion possible entre l'amour pour son enfant et l'incapacité à agir quand il le faudrait. Le prix à payer pour ces parents serait sûrement l'interruption momentanée d'un moment de plaisir à être ensemble. Mais sauront-ils plus tard éduquer leur enfant à se faire aimer des autres et à les respecter ? Sauront-ils qu'un enfant n'est pas un adulte et qu'on peut l'emmener au restaurant ou dans différents lieux à condition qu'on sache contrôler ses éventuels débordements ou qu'il ait été suffisamment éduqué pour comprendre qu'il y a des lieux où on ne hurle pas et où on ne court pas partout ? La liberté pour s'exprimer, oui ! Mais indiscutablement liée à la liberté d'apprendre à devenir responsable.

Ces parents sont représentatifs de certains parents contemporains que nous appellerons les « planeurs ». Des parents qui pensent que leur enfant a la possibilité de voler de ses propres ailes très tôt, sans lui montrer les limites et les contraintes que le monde environnant peut représenter, sans le rendre responsable de ses relations aux autres. Plus encore, ils élèvent leur enfant en lui transmettant plus ou moins explicitement l'idée qu'il est toujours par nature dans son bon droit et que le monde environnant est hostile s'il s'oppose à ses désirs ou à ses caprices. Cette scène de restaurant montre aussi que ces parents ne savent pas associer à l'amour qu'ils ont pour leur enfant le bon sens et la logique de la vie. Une confusion des genres est faite entre le dedans et le dehors, la sphère publique et la sphère privée, le comportement adulte et infantile.

Enfin, nous voyons dans cette attitude des parents qui n'arrivent pas à résister à l'exigence de leur bébé qui, lui, ne peut l'exprimer autrement qu'en hurlant.

L'attitude opposée, qui aurait conduit ces parents à se fâcher très fortement contre leur bébé alors qu'il n'y était pour rien, n'aurait pas été meilleure. Seule une attitude de bon sens et implicitement constructive pour l'enfant aurait été de le calmer en sortant du restaurant et en comprenant que leur bébé n'était pas encore suffisamment maître de ses émotions et de l'angoisse que suscite en lui un contexte auquel il n'est pas habitué. Quelques mois plus tard, il pourra en être tout à fait autrement.

### Quand les rôles s'inversent

Aurélien a 6 ans. Ses parents l'emmènent en vacances chez ses grands-parents. Aurélien veut un petit jouet qu'il a vu dans la boutique de la gare où ils doivent prendre le train. Sa mère lui dit que son sac contient déjà ses jouets préférés. Son père ajoute qu'il aura des jeux chez ses grands-parents.

Rien n'y fait. Aurélien trépigne, ne veut plus tenir la main de sa mère, son père se fâche : « Ça suffit ! », mais ne le prend pas fermement par la main. Aurélien se met une colère et ne veut plus avancer alors que le départ du train est annoncé. Il ne se calme qu'après que son père et sa mère ont décidé de lui acheter un soda qu'Aurélien réclamait depuis le départ de la maison. Cette attitude n'est pas, dans le moment précis, condamnable, mais si ces parents, régulièrement, achètent la paix avec leur fils de 6 ans, quel prix devront-ils payer quand il en aura 15 ? À quel avenir le préparent-ils quand il devra accepter de se conformer aux contraintes du monde futur ? Saura-t-il faire face aux tentations et aux dangers annoncés, comme l'addiction à Internet, déjà déclarée par de nombreux experts comme le mal du XXIe siècle ?

Parfois on croit vraiment rêver lorsqu'on se trouve témoin de situations où les enfants réclament sans cesse et les parents répondent sans limites, où les enfants imposent leurs lois d'enfants et les parents obéissent, où les enfants choisissent leurs loisirs et les parents s'y plient. Cela peut donner le sentiment que les enfants d'aujourd'hui sont les adultes d'hier et les parents d'aujourd'hui, les enfants d'hier.

### Penser à l'enfant, penser à soi

Aurélie a deux enfants, un garçon et une fille, âgés respectivement de 12 et 8 ans. Sa première phrase est pour me dire en souriant : « Depuis huit jours, on est tranquilles, mes enfants sont partis en colonie, nous sommes tous les deux, mon mari et moi, et nous pouvons nous occuper de nous. Nous sommes allés au restaurant, au cinéma, nous avons fait des courses. J'ai pu repeindre la chambre des enfants et m'occuper de moi. »

Sa bonne humeur montre qu'elle a su retrouver les plaisirs de la vie que ses enfants ne lui permettaient plus facilement. Elle aime ses enfants, son mari s'en occupe bien, depuis qu'ils sont nés, comme un père moderne, dit-elle. Notre échange porte alors sur la différence entre l'éducation qu'elle a reçue et celle qu'elle donne à ses enfants. Elle constate que ses enfants sont beaucoup plus exigeants qu'elle ne l'a été. Ils s'autorisent à s'opposer fortement quand ses demandes de rangement, de travail, de projet d'activité le week-end ne leur plaisent pas. Elle reconnaît que, parfois, face à leurs exigences, elle a du mal à dire non. Elle se souvient qu'enfant, à leur âge, elle savait jouer seule. Ses enfants ont tout le temps besoin d'être occupés. En s'adressant à elle ou à leur père, leur phrase clé est : « Qu'est-ce qu'on va faire ? », « Tu ne veux pas jouer avec nous ? » Pourtant, elle les considère moins insupportables que ceux de sa sœur et de son beau-frère qui, me dit-elle, leur laissent tout faire, n'ont aucune autorité sur eux. À l'inverse, un couple d'amis est dans l'excès inverse. Jeux électroniques, télévision, dessins animés sont interdits à leurs enfants. Ils sont de ce fait à part des autres, me dit-elle. À l'école, ils sont isolés, car ils n'ont pas les mêmes sujets de discussion que leurs camarades. Quand ils viennent jouer avec ses propres enfants, elle est peinée de les voir s'émerveiller devant une console de jeux ou des jeux sur ordinateur. Elle juge à ce propos que les enseignants ne se rendent plus compte que les devoirs qu'ils demandent de faire à la maison supposent implicitement d'avoir accès à Internet et que toutes les familles n'ont pas forcément fait ce choix. Elle est heureuse de constater que ses enfants aiment lire, elle a été, avec son mari, très vigilante à leur donner le goût de la lecture, mais que l'écriture leur est plus difficile que pianoter sur le clavier de l'ordinateur. Elle fait le lien avec son travail qui l'amène à recevoir des CV d'embauche. Elle est « effarée » par les fautes d'orthographe des jeunes demandeurs d'emploi, y compris de ceux qui sont bien diplômés. Certains commencent leur demande par « Bonjour » comme s'il s'agissait d'un e-mail ; d'autres écrivent phonétiquement comme s'il s'agissait d'un SMS. Même si le monde change, « on aura toujours besoin par moments de savoir correctement écrire ou s'exprimer ».

Aurélie aime ses enfants, son mari aussi, ils se sentent responsables de leur avenir mais peuvent aussi parfois être fatigués et souhaiter prendre du temps pour eux. Cette mère et son époux élèvent leurs enfants en étant soucieux de les préparer au mieux au monde de demain. Mais, sans être ni trop libéraux ni trop rigides, ne font-ils pas preuve quand même de trop d'attention, de tolérance et de respect envers les exigences de leurs enfants ? Bien que l'amour pour leurs enfants soit incontestable, le soulagement qu'ils éprouvent de se retrouver enfin seuls pose la question de savoir s'ils ne sont pas trop soumis aux désirs quotidiens de leurs enfants. Aurélie et son mari sont attentifs à leurs enfants, mais ne sont-ils pas un peu trop sous l'emprise des donneurs de leçons contemporains. À commencer par les politiques qui, au cours des vingt dernières années, se sont posés, à juste titre, comme défenseurs du droit des enfants, mais sans jamais mettre ce droit en balance avec le droit des parents à vivre leur vie d'adulte et les devoirs des enfants. Certains adultes donnent parfois le sentiment de n'avoir jamais élevé d'enfants, d'autres de n'être jamais sortis de l'enfance pour profiter des plaisirs de la vie d'adulte, il y en a !

L'être humain, à tout âge et à toutes les époques, a dû se questionner sur le meilleur compromis possible entre la recherche du plaisir et les exigences de la réalité. De la naissance à la fin de l'adolescence, les parents ont pour mission d'élever leurs enfants pour leur donner confiance en eux et pour qu'ils se sentent responsables de leurs choix. Plus les enfants se sentiront suffisamment responsables dans le choix de ce compromis, plus ils se sentiront fiers et plus ils auront confiance en eux. Il faut, dès le plus jeune âge, les y aider concrètement et de façon quotidienne. Pour moi, c'est sur l'équilibre de ce compromis que repose la réussite de leur vie future.

Il faut préparer progressivement ses enfants à une connaissance du monde des adultes qui n'est pas nécessairement triste mais qui n'est pas toujours facile. Je ne pense pas que le monde futur me contredira, je crains même le contraire. Aider ses enfants à être le mieux possible préparés au monde qui les attend est la meilleure preuve de l'amour qu'on leur porte.

## Parent trop parfait ou comment s'épuiser

Nous avons vu qu'être parent aujourd'hui n'a rien d'évident. Il n'y a pas longtemps le « parent parfait » était celui auquel les enfants obéissaient, avaient envie de ressembler et dont ils suivaient les traces pour construire leur couple ou leur vie professionnelle. Aujourd'hui quel parent pourrait se targuer d'être un modèle reconnu du parent parfait ? Il est parfois même recommandé de « ne pas être une mère parfaite[2] ». Obéir à son enfant de 2 ans et demi qui veut saisir le couteau à pain n'est pas forcément la meilleure solution même si vous êtes convaincue par le dernier article de presse qui dit qu'en toutes circonstances le langage de l'enfant doit être respecté. Je pense que la paume de sa main aussi. Cela ne relève-t-il pas du simple bon sens ?

L'éducation réussie que je défends repose en effet sur une règle de bon sens. Le consentement de l'enfant aux conseils et aux règles de la vie familiale s'inspire plus de la pratique du contrat pour obtenir ce consentement que sur la faiblesse du parent ou sur l'obéissance à son autorité toute-puissante. La bonne nouvelle est que le contrat et le consentement ont été de tout temps les fondements de la vie sociale. Pourquoi alors ne pas en apprendre la pratique dès l'enfance ? Le point de vue du célèbre anthropologue Claude Lévi-Strauss rejoint les thèses philosophiques du XVIIIe siècle : « Rousseau et ses contemporains [...] ont compris que [...] des éléments culturels tels que le contrat et le consentement ne sont pas des formations secondaires... : ce sont les matières premières de la vie sociale[3]. »

Un problème beaucoup plus profond se pose aujourd'hui pour les parents et pour tous ceux qui ont la charge de favoriser le meilleur développement possible du psychisme d'un enfant. L'équilibre de la psyché est aujourd'hui écartelé entre des extrêmes dont les objectifs semblent rigoureusement inconciliables : d'un côté, le besoin de sécurité et d'apaisement, le souhait d'une intelligence rationnelle organisée, cohérente, le désir d'un idéal du moi reposant à la fois sur la réussite et le bonheur dans la vie. De l'autre, l'aspiration à la fusion extatique, à la liberté d'expression humaniste du désir, au suprême lâcher prise. Aujourd'hui aucun système institué, qu'il s'agisse de la famille ou qu'il soit d'orientation idéologique, culturelle, professionnelle ou religieuse, ne me semble capable de répondre de manière adéquate aux exigences de cet écartèlement quand il est ainsi prôné. Entre la nécessité du développement d'un soi toujours en manque d'accomplissement personnel et la quête d'un prolongement de soi réparateur grâce à l'enfant, le parent parfait risque de souhaiter faire de son enfant un sauveur qu'il ne peut être. Comprenons que s'il ne peut y avoir de parent parfait, il ne peut y avoir d'enfant idéal.

Voulez-vous alors faire partie des parents parfaits ? Ceux qui sont toujours souriants quand leur enfant ne veut pas s'endormir, ceux qui ne s'inquiètent jamais des notes de leur « futur génie » ? Ceux qui restent calmes devant l'opposition systématique de leur adolescent à quitter son téléphone portable ou son ordinateur ? Ceux qui ne se sont jamais sentis à bout de nerfs ?

Si vous êtes si parfaits, posez-vous des questions. Le problème est que le parent idéal n'existe que dans les livres de recettes toutes théoriques. Celui que vous avez entre les mains vous propose simplement d'être en toutes circonstances un parent authentique avec vous-même et de n'être tout simplement qu'un bon parent pour l'avenir de vos enfants. Il vous arrive comme à la majorité des parents, lorsque votre enfant pleure, de ne pas arriver à le consoler, lorsque votre enfant vous appelle, de ne pas répondre immédiatement à ses demandes, lorsque vos enfants se bagarrent avant de s'endormir, de vous mettre en colère. Vous êtes un parent normal. Si vous ne supportez pas d'être parfois mis en échec dans les trois situations précédentes, l'épuisement vous guette.

Ce livre vous propose de suivre, pour donner la meilleure éducation possible à votre enfant, le chemin qui associera l'amour, le bon sens et la logique. Le problème est que l'amour ne s'accorde pas toujours avec le bon sens ou la logique. Prenons l'exemple, aujourd'hui si fréquent, de l'enfant (de plus en plus jeune) ou de l'adolescent qui passe des heures avec son téléphone portable pour téléphoner à ses amis ou à sa petite amie plutôt que de préparer son contrôle de connaissances qui doit avoir lieu le lendemain. Votre amour pour votre garçon peut vous amener à ressentir qu'il est heureux d'avoir de nouveaux amis et encore plus une petite amie. Il en est de même s'il s'agit de votre fille. Pourquoi le rendre malheureux ou déclencher une guérilla dans le salon ? Parce que vous avez du bon sens et même des arguments logiques pour lui demander d'éteindre son téléphone. Le bon sens repose sur une évidence : on ne passe pas toute sa soirée à téléphoner. La logique peut vous amener à exprimer clairement deux arguments au choix ou non. Le premier, il s'y attend : travailler est moins agréable que téléphoner, mais le travail qu'il fera ce soir pour son contrôle de connaissances du lendemain ne peut pas être reporté à plus tard, il n'en est pas de même pour joindre ses amis ou sa petite amie. Le second argument est plus scientifique, mais il peut y être sensible s'il est présenté sous une forme qui valorise l'éveil et l'intelligence de votre fils (il peut évidemment s'agir de votre fille). Vous venez de lire un article, « bien fait » (il faut savoir utiliser toutes les armes !), qui dit que « l'Agence internationale pour la recherche contre le cancer vient de classer cancérigènes les radiofréquences des téléphones portables et autres smartphones[4] ». Vous avez même appris qu'il existe des écarts considérables entre le niveau de puissance dégagé par certains par rapport à d'autres et qu'une bataille de communication et de recherche est en train de se mettre en place par les grandes firmes internationales qui vendent ces téléphones. Vous pouvez ajouter que l'auteur de cet article semble tout à fait bien informé et ne manque pas d'humour puisqu'il termine cette information en écrivant : « nos lobes pariétaux leur disent déjà merci... », en parlant des firmes en compétition pour montrer que leur appareil est le meilleur. Face au doute que votre petit génie peut manifester, contrarié par les limites que vous lui imposez et l'argument que vous lui apportez, vous pouvez ajouter que vous avez lu cet article dans cette revue spécialisée qu'il lit avec plaisir et qu'il vous réclame chaque mois d'acheter, compte tenu, selon lui, de sa qualité et de la richesse des informations qu'elle contient.

Évidemment, il aurait été plus facile de le contraindre d'arrêter son téléphone en lui disant : « Avec ton téléphone, ça suffit », « Tu n'as rien à dire, c'est comme ça ! » Mais, en agissant comme je vous le propose, vous vous êtes rapproché le plus possible d'une attitude associant amour, bon sens et logique. Vous vous êtes donné toutes les chances pour qu'il ne se braque pas d'emblée, pour que le problème ne se pose pas à nouveau le lendemain, pour qu'il considère que vous savez tout autant le convaincre que le contraindre, que vous le prenez pour un garçon capable de comprendre et d'être responsable. Enfin, vous lui montrez que, vous aussi, vous êtes intéressé par le monde moderne et que vous savez apprécier l'humour. Le résultat ne sera pas toujours à la hauteur de votre effort, mais on peut avoir de bonnes surprises. Vous pourrez vous dire que vous avez sûrement mieux fait que beaucoup d'autres parents et que, parfois, vous-même, vous vous êtes donné toutes les chances qu'il vous écoute. En la circonstance, vous vous êtes rapproché de votre authenticité.

Dès qu'ils sont tout bébés jusqu'à la fin de l'adolescence, vos enfants vous demandent de manifester des signes d'attachement forts, d'anticiper leurs besoins, d'organiser leur emploi du temps en tenant compte du leur, d'accepter d'être provoqué et d'être contesté dans la manière de les élever. Ils ne se satisfont pas d'un regard aussi tendre soit-il ou plus tard d'un coup de fil ou d'un courriel par semaine. Il est normal que les parents se sentent parfois impuissants ou exaspérés. Il est plus facile de laisser aller et de baisser les bras, mais on peut être sûr que, si cette attitude devient une habitude, la suite sera encore plus pénible. Enfant comme tous les enfants du monde, il deviendra de plus en plus exigeant si ce n'est un petit tyran. Il faut savoir lui résister. Nos enfants ont besoin du face-à-face. On peut aimer ses enfants et constater que nous devons aussi savoir résister à leurs exigences.

Les vrais parents, ce sont ceux qui soupirent devant les caprices de leurs « chères têtes blondes », qui échangeraient bien, par moments, leur « vilain petit canard » contre celui plus calme de leur voisin ou qui aimeraient eux aussi recevoir un doudou pour avoir la paix.

*Chapitre 2*

# LE MONDE CHANGE

Les parents d'aujourd'hui ont des raisons de se sentir dans une situation différente de celle que les générations antérieures ont connue. Notre époque a transformé les comportements de manière insidieuse : souvent ce ne sont plus aux enfants de s'adapter aux parents, mais aux parents de s'adapter aux enfants. Le risque que cette tendance se généralise est réel. Selon une enquête réalisée par l'entreprise de sécurité AVG, qui a interrogé 2 200 mères de jeunes enfants sur tous les continents, les bébés sont présents sur le Web de plus en plus tôt. La grande majorité (80 %) a avant même leur deuxième anniversaire, une sorte de profil mis en ligne avec leurs photos et 7 % d'entre eux ont déjà une adresse e-mail. Près d'un quart des enfants concernés par l'enquête est même visible sur Internet avant même d'être nés : 32 % des mères américaines ont mis leur échographie sur le Web, et 13 % des Françaises ont fait de même.

« Deux ans à peine et accro aux portables », titre un article du *New York Times* en octobre 2010[1]. Cet article raconte deux histoires. Celle d'abord d'une jeune mère de deux enfants dont la petite fille âgée alors de 2 ans a tenu pour la première fois l'iPhone de son papa. « Elle a appuyé sur le bouton et il s'est allumé. Je me rappelle son regard émerveillé... Ensuite elle s'est intéressée très sérieusement au téléphone... C'est comme si elle ne pouvait plus s'en passer. » L'autre histoire concerne un petit garçon, lui aussi âgé de 2 ans, qui n'avait pas envie de sortir de sa maison alors que sa maman devait l'emmener à la garderie. Celle-ci, grande habituée de ces combats, est passée instantanément à ce qu'elle appelle son « arme infaillible ». Elle a pris son fils dans ses bras et a cherché l'émission préférée de ce dernier, *La Maison de Mickey*, sur le petit écran de son téléphone portable *via* YouTube. Elle a installé ensuite son fils dans son siège auto d'où il a regardé la vidéo de son émission favorite en chantant à cœur joie pendant les quinze minutes que dure le trajet de son domicile à la garderie. Que devra-t-elle inventer la prochaine fois pour le faire sortir de la maison ? N'est-il pas préférable que ce petit garçon, grâce à la prise de conscience du trajet qui sépare son domicile de la garderie, intègre sans effort la notion du temps et de l'espace dont on sait qu'elle lui permettra plus âgé une meilleure acquisition des mathématiques ?

Aujourd'hui, plusieurs applications iPhone visent directement les moins de 5 ans, beaucoup d'entre elles arborent la mention « éducatif ». Une de ces applications, iGo, appelle même automatiquement les tout-petits à intervalles réguliers pour leur signaler qu'il est temps d'aller sur le pot. L'American Academy of Pediatrics a longtemps conseillé aux parents de ne pas laisser les enfants regarder le petit écran avant leur deuxième anniversaire. Pour le moment, cette académie maintient l'idée que la recommandation doit rester la même pour les téléphones portables. Mais certains parents américains attribuent à ces appareils une valeur éducative importante. Une maman américaine, mère de deux filles âgées de 3 et 8 ans, estimait par exemple que la plus jeune était plus en avance pour la lecture et l'orthographe que son aînée au même âge. Elle attribue ces progrès à Internet. La petite a appris à épeler les mots composés comme « feux d'artifice » grâce à une application désignée « Montessori Crosswords » (mots croisés).

Beaucoup de psychologues restent méfiants vis-à-vis de cette modalité éducative. Certains craignent que la fixation sur l'écran ne limite les capacités de ces chers petits à faire l'expérience du monde. « Les enfants de cet âge sont très curieux et observent tout », indique Tovah Klein, directrice du Barnard College Center for Toddler Development de l'Université Columbia. D'autres préviennent les parents que les enfants ont avant tout besoin à cet âge de bouger leur corps et de manipuler de nombreux objets et non pas d'un programme éducatif d'orthographe.

Au cours des quarante dernières années, il est évident que le monde a changé dans bien des domaines concernant la vie familiale et l'éducation des enfants. Dans le passé, il n'y avait pas d'enfant qui jouait à des jeux vidéo violents, d'adolescent qui parlait dans sa chambre à des étrangers par le biais de réseaux sociaux. Il n'y avait pas non plus ce que les spécialistes du commerce en ligne appellent la « *digital mom*[2] », la maman moderne, qui fréquente des sites d'achat, dispose d'un compte sur Facebook, ou crée même son blog personnel. La « *digital mom* », concept publicitaire apparu dans les années 1980 aux États-Unis, a remplacé la « ménagère de moins de 50 ans ».

## Sans modèle, il faut innover

Mais revenons à nos enfants et leurs parents. Il y avait moins de comportements violents, moins d'accès direct à une sexualité présentée sous ses formes les plus crues et peu de parents élevant seuls leur enfant. Plus encore, les parents ont vu leurs références éducatives radicalement évoluer. L'éducation reçue de ses propres parents pour la reproduire, sans remettre en question son bien-fondé, n'est plus d'époque. L'enfant étant maintenant désiré et programmé, le père devenu « papa poule » et les familles, de type « recomposé », de plus en plus nombreuses à fonctionner en mode tribu, sans oublier les mères seules devant leur enfant, ont contraint à réinventer la fonction parentale. Enfin, l'épanouissement de l'enfant, fréquemment enfant roi, occupe une place de plus en plus importante et ce dès son plus jeune âge. Le bébé est « une personne », l'enfant insupportable n'est plus qu'un vilain petit canard, quant à l'adolescence, on ne sait plus quand elle commence ni quand elle finit. Le but de ce livre est de s'adresser aux parents pour les aider à se confronter aux nouveaux challenges auxquels ils ont à faire face.

Devenir parent constitue une révolution, même pour le cerveau. Les scientifiques ont montré qu'être parent augmente notre résistance au stress, notre capacité à former des liens affectifs, notre mémoire et nos capacités à décider. Tant mieux pourrait-on penser, à condition de ne pas être en surstress. Ce bouleversement se joue probablement dès la période prénatale, période d'incertitude et d'anticipation comme l'a particulièrement bien mis en valeur, ces dernières années, Sylvain Missonnier[3].

Les parents doivent dorénavant s'assurer que leur enfant reçoit les meilleures stimulations affectives, intellectuelles et sociales. Comment ne pas constater alors que de tout temps être parent est fait d'enthousiasme et d'exaspération, mais qu'aujourd'hui l'éducation est devenue un vrai challenge ? Les parents se reprochent trop souvent leur énervement. S'énerver n'est pas grave, évidemment si on ne se laisse pas emporter trop souvent. Pour l'enfant, l'énervement, généralement justifié du parent, lui fait ressentir l'importance de son opposition, de ses bêtises ou la gravité de sa transgression.

*Chapitre 3*

# QUEL PARENT N'A PAS EU UN JOUR ENVIE DE BAISSER LES BRAS ?

Bien que les pouvoirs publics, les communes, les entreprises se soient de plus en plus penchés sur les aides que la communauté pouvait apporter aux familles, il n'en demeure pas moins, qu'en dernier recours, le seul vrai face à face est celui qui met en présence l'enfant et ses parents et celui-ci n'est pas toujours facile.

## Face au refus de manger du bébé... et du plus grand

Les troubles alimentaires, le plus souvent bénins, sont fréquents chez le bébé. Ils inquiètent les parents pour trois raisons : les répercussions possibles sur la prise de poids, le développement du chérubin et la mise en échec de la relation d'amour qu'ils entretiennent avec leur tout-petit. Un bébé qui refuse la nourriture, qui vomit ou qui régurgite envoie un signe fort à sa maman ou à son papa.

Plus couramment, les mamans se demandent ce qu'elles vont faire à manger à leur enfant. Du petit bébé qui vient de passer du biberon ou des petits pots poulet-carotte qu'il adore aux préparations « maison : chou-fleur-champignons » qu'il recrache jusqu'à l'adolescent dont les goûts sont variables selon son humeur, les mamans se creusent la tête.

Le repas : au bord de la crise de nerfs

Daphné, une maman pleine d'attention pour ses enfants, a aujourd'hui un jour de congé. Pour une fois, elle a le temps de cuisiner, activité dans laquelle elle met tout son amour pour ses enfants et son mari. Elle va aller au marché proche de son domicile et les questions commencent à arriver à son esprit : quel plat, quels légumes, quel dessert va-t-elle leur préparer ? Elle sait que son petit garçon Léo est difficile pour la nourriture. Il n'a jamais eu un gros appétit. Quand il était tout petit, elle a le souvenir d'avoir mené un combat pour qu'il s'alimente comme elle le souhaitait. La grand-mère de Léo avait dit à Daphné qu'elle était trop inquiète et trop exigeante. Elle s'était alors un peu détendue, et le combat avec Léo pour qu'il mange ce qu'elle lui avait préparé s'était apaisé. Cette maman pleine d'amour pour son fils gardait néanmoins au fond d'elle-même une appréhension. Aujourd'hui, Léo a 8 ans, Daphné cherche à choisir ce qui ferait le plus plaisir à ce petit garçon, sans pour autant que ce qu'elle envisage déplaise au reste de la famille. L'heure du repas du soir arrive, Daphné a préparé une jolie table et présente sur cette table le poisson qu'elle a cuisiné parce qu'elle sait que c'est celui que Léo préfère avec les légumes qu'elle a mélangés et fait cuire avec attention. Son assiette à peine entamée, Léo s'exclame : « C'est pas cuit et puis j'aime pas tes légumes, est-ce qu'il y a des chips ? » Bien qu'habituée à ce type de comportement chez son fils, Daphné sent monter une colère intérieure mêlée de déception et de sentiment d'impuissance. Elle est sur le point de pleurer. Son garçon est vraiment impossible, capricieux et insupportable. Daphné ne sait pas si son mari se mettra fortement en colère ou si, lui aussi, à sa manière, se montrera indifférent parce qu'impuissant. Cette situation s'est, en effet, présentée de multiples fois.

Comment cette maman pouvait-elle réagir, avec amour, bon sens et logique ? Elle aurait eu envie de dire : « Mange ce que tu as dans ton assiette, ça suffit tes caprices ! » ou : « Tu es vraiment désagréable, j'ai acheté ce poisson pour toi et préparé de bons légumes » ou encore : « Si tu n'es pas content, tu iras dîner ailleurs. » Mais ordonner à son fils de manger coûte que coûte, le culpabiliser ou le rejeter ne sont pas des choix qui la satisfont. Daphné sait que l'ordre de manger, la culpabilité ou le rejet ne lui permettent pas de réagir avec amour, bon sens et logique. Elle lui dit : « Je pense comme ton père et ta sœur que ce poisson est cuit comme il faut et que ces légumes sont excellents, mais c'est à toi de décider si tu souhaites simplement nous regarder manger et prendre du plaisir. Tu es peut-être trop jeune pour savoir goûter les bonnes choses. » Bien qu'angoissée à l'idée que Léo s'entête dans son refus, son bon sens lui dit qu'il ne va pas mourir de faim. Son attitude intelligente rappelle celle des mamans qui, pour faire manger le petit enfant, goûtent la préparation en exprimant un large sourire de satisfaction. L'amour, le bon sens et la logique permettent d'associer ce besoin essentiel de manger au plaisir qu'il procure. Daphné se donne la chance de convaincre plutôt que de contraindre.

Ce problème de nourriture peut malheureusement prendre un aspect plus inquiétant sous forme d'anorexie du bébé ou plus tard de l'adolescent. Chez le bébé, l'anorexie typique apparaît autour de 6 mois, après les premières séparations et en général rapidement. Si celle-ci perdure, il est évidemment nécessaire de s'adresser à son médecin ou à son pédiatre.

Chez l'adolescent, il est important de ne pas confondre le désir de ne pas prendre de poids, en particulier chez la fille, avec une véritable anorexie mentale, survenant neuf fois sur dix chez les filles. On constate alors un amaigrissement qui est excessif et parfois même impressionnant, une absence ou un arrêt des règles et le plus souvent une hyperactivité physique et intellectuelle chez une jeune fille ayant un caractère particulièrement tenace et obstiné. Là aussi, la consultation auprès d'un médecin est nécessaire et ne doit pas être retardée quand on sait que le pronostic de l'évolution dépend de la rapidité de la prise en charge.

## Face aux difficultés d'endormissement

Un oncle demande à son neveu augustin, âgé de 5 ans et très précoce : « Tu me dis que ta mère dit pour toi des prières chaque soir. Ça te plaît ? Mais que dit-elle exactement ? » Et Augustin de répondre : « Elle dit : Merci, Mon Dieu ! Il est au lit ! »

Un bébé a besoin de nombreuses heures de sommeil, environ dix-sept heures les quatre premiers mois, interrompues par une tétée. Tous les parents savent que les six premiers mois ou même la première année, ils seront contraints de se lever la nuit pour nourrir ou pour calmer leur bébé. Le bébé ne commence vraiment à faire ses nuits, dormant alors huit à dix heures d'affilée qu'à partir de 1 an. Cela ne le dispense pas de faire au moins deux siestes et ceci jusqu'à environ 2 ans.

Les difficultés d'endormissement et les réveils nocturnes sont les manifestations les plus courantes et les plus redoutées par les parents, depuis que l'enfant est né jusqu'à ses 7-8 ans. En effet, les cauchemars et même les terreurs nocturnes apparaîtront dès la première année.

Il est important de savoir que les enfants ne sont pas égaux face au sommeil, qu'il y aura des petits et des gros dormeurs, des enfants du matin et des enfants du soir. Il y a les tranquilles que rien ne réveille, les petits anxieux qui ont besoin d'être rassurés et qui ont peur de s'endormir, les petits malins qui ont faim ou qui ont soif juste au moment d'aller au lit, les « gros pépères » qui se sentent bien au chaud dans leur lit. Le sommeil est évidemment un révélateur important du niveau d'excitation et d'anxiété de l'enfant. Le sommeil est une fonction vitale sensible au contexte, comme on peut le constater quand l'enfant change de lit ou que la personne présente au moment de son endormissement n'est plus la même. Un événement familial inattendu, une séparation, l'arrivée d'un petit frère d'une petite sœur puis, plus tard, une contrariété scolaire ou des conflits familiaux perturberont le sommeil de l'enfant.

L'amour pour leur enfant conduit les parents à se préoccuper de son endormissement comme le montre l'importance accordée à la présence du doudou, à l'histoire pour s'endormir, à la veilleuse qui reste allumée ou à la porte qui reste ouverte ou même, et oui pourquoi pas, à l'acceptation de le prendre ponctuellement dans son lit. Ce dernier point, rigidement interdit par certains, ne doit pas culpabiliser les parents. Il suffit seulement d'avoir le bon sens d'en faire un apaisement ponctuel et de ne pas entretenir cette « permission ».

Le bon sens recommande de ne pas exciter son enfant avant qu'il s'endorme, ni céder trop facilement à ses caprices.

La logique veut qu'un enfant (comme un adulte) ait besoin de sommeil pour une durée adaptée à sa physiologie et à son rythme propres. Cette même logique doit amener les parents à considérer que cette fonction est sensible à l'environnement et qu'ils doivent donc respecter quelques conseils de base : préserver l'enfant du bruit et de l'agitation au moment de son endormissement, ne pas le stimuler juste avant ou pendant cet endormissement, le coucher dans la pénombre, maintenir une température entre 19 et 21 °C, venir le rassurer s'il pleure, mais éviter de le prendre dans les bras ou de l'emmener dans la pièce où se trouvent les parents sauf exception. La logique apprend aussi que le sommeil est une question d'habitude.

En ce qui concerne les adolescents, quel parent n'a pas eu un jour envie de baisser les bras devant sa fille ou son fils qui retarde de plus en plus l'heure d'aller se coucher ou de s'endormir ? Il n'est pas rare que les adolescents souffrent d'un manque de sommeil, en particulier pendant la semaine, s'endormant tard alors qu'ils sont obligés de se réveiller pour aller au collège ou au lycée. Mais il n'est pas rare non plus, qu'ils consacrent le week-end à des sorties nocturnes et se réveillent à une heure particulièrement tardive le lendemain matin. Chaque parent doit savoir que les difficultés passagères d'endormissement sont fréquentes et banales à l'adolescence. Mais ils doivent aussi rendre l'adolescent responsable de son sommeil en insistant sur les conséquences négatives que l'adolescent peut lui-même anticiper ou constater par un manque de sommeil excessif comme l'impossibilité de lire ou même de rêvasser. Aujourd'hui, l'utilisation des portables, des envois de SMS tard dans la nuit, de Facebook sur les smartphones nécessite que les parents établissent des règles comme celle de laisser le portable dans le salon ou la cuisine, à partir d'une heure convenue avec l'adolescent. Cette règle lui évitera les mauvaises habitudes dont il est très difficile de se défaire une fois qu'elles sont installées.

## Comment élever un enfant sans attraper un lumbago

Cette question du sommeil révèle, comme bien d'autres, toute la problématique de l'éducation des enfants et des adolescents. Aucun enfant n'est semblable à un autre. Chaque enfant a sa nature, sa personnalité, ses désirs et ses craintes. Les parents peuvent, par moments, de façon réelle et/ou imagée, en avoir plein le dos de les porter bébés et jeunes enfants, puis de leur répéter souvent les mêmes choses et de les supporter adolescents. Les parents doivent ainsi se sentir confiants dans leur manière de faire s'ils associent amour, bon sens et logique. S'ils doutent de leur lucidité ou de l'autorité qu'ils manifestent dans le but de protéger leur enfant des dangers dans lesquels il peut impulsivement se lancer, ils en paient les conséquences et leur enfant aussi.

Savoir dire non

La famille de Guillaume, âgé de 5 ans, est en vacances. Les parents décident d'aller écouter avec leurs deux aînés un spectacle musical qui débute à 21 heures et doit se terminer à minuit. Ils savent que Guillaume est trop petit pour apprécier ce spectacle et se coucher si tard. Ils ont prévu une « baby-sitter » pour le garder et pouvoir sortir tranquilles. Mais au moment de partir Guillaume fait une colère. Que doivent-ils faire, céder ou se fâcher ? Les parents de Guillaume finissent par céder à sa colère en l'emmenant au spectacle. Ce petit garçon s'endormira cinq minutes juste après le début, installé sur les genoux de sa mère, qui craindra tout au long du spectacle qu'il se réveille et n'osant pas bouger sur son siège précaire. Guillaume n'en a pas profité, par contre sa maman y a gagné un mal de dos et un regret, celui de n'avoir pas été suffisamment lucide et ferme.

*Chapitre 4*

# QUEL PARENT N'A PAS EU UN JOUR ENVIE D'ABANDONNER SON ENFANT À D'AUTRES ?

Vous êtes choqué par une mère ou par un père qui a abandonné son enfant. Vous réagissez tout à fait normalement. Mais n'avez-vous jamais eu ce fantasme ? Évidemment il n'y a aucune commune mesure entre les deux situations, il n'empêche que cela vous a traversé l'esprit. À propos de quoi ?, vous demandez-vous.

## Il bouge tout le temps

Un enfant bouge beaucoup, certains plus que d'autres, généralement les garçons plus que les filles, mais pas systématiquement. Le contrôle de la motricité, d'un désir de se faire comprendre par les mots puis par une phrase ne s'acquiert chez l'enfant que progressivement.

Un papa chante à sa petite fille de 20 mois : « Il était un petit navire, il était un petit navire qui n'avait ja- ja- jamais navigué… » Elle est tout heureuse, sourit, se tourne vers son entourage pour communiquer sa joie. Quand la chanson s'arrête, elle sait déjà dire « 'core, 'core », ce qui veut évidemment dire « encore ». Elle s'agite sur son fauteuil si le papa ne satisfait pas à sa demande.

Que se passe-t-il lorsque l'enfant grandit ? Son besoin d'exprimer ce qu'il ressent par l'agitation de son corps est encore très important.

Hyperactif !

Martin, âgé de 5 ans, est tout excité de prendre pour la première fois l'avion avec sa mère pour aller quelques jours chez ses grands-parents. Dans la salle d'attente du départ de l'avion, il y a beaucoup de monde. Chloé, la mère de Martin, a beaucoup de difficultés à contrôler son excitation : il court entre les allées et les valises des nombreux autres voyageurs. À plusieurs reprises, il lui échappe de telle façon qu'elle ne le voit plus. Elle-même court derrière lui pour le retrouver. Cela ne fait qu'ajouter à l'excitation et l'amuse. Dix fois, elle lui dit de manière qu'il l'entende et devant quelques voyageurs agacés mais peu secourables : « Reste tranquille », « Reviens ici », « Ne cours pas », « Assieds-toi », « Calme-toi », « Tu vas te faire mal », « Regarde, tu déranges tout le monde ». Rien n'y fait. Le problème s'aggrave quand Martin trouve un « compagnon d'aventure », environ du même âge, dans cette aire géographique qui ne semble, pour aucune autre personne présente, une aire de jeux. Martin et son « compagnon » providentiel ne semblent pas s'en préoccuper. Un voisin de Chloé pour détendre sans doute cette mère débordée… et jolie, lui demande sur un ton humoristique : « Voulez-vous que j'appelle la police des frontières ? » Chloé n'est pas d'humeur à badiner. À moitié agacée, à moitié en quête d'une aide, elle lui répond : « Peut-être qu'il vous écoutera, vous. » Ce voyageur, inconnu de Martin, l'interpelle et lui dit : « Viens t'asseoir, l'avion ne pourra pas partir si tu n'es pas assis et toutes les personnes qui sont là seront malheureuses. Toi aussi, sûrement. » Au grand étonnement de Chloé, Martin, regarde attentivement cet homme, sa mère, l'avion par la fenêtre et s'assoit. Il faudrait sans doute que l'appel des passagers ne tarde pas trop, mais Martin s'est calmé. Chloé s'excuse auprès de cet homme pour le désagrément. Elle ajoute devant son fils : « Vous savez, à cet âge, ils n'écoutent jamais ce qu'on leur dit. » La suite ne me dira jamais si l'agitation de Martin fut à l'origine d'une rencontre entre Chloé, bien seule et débordée par son petit garçon, et ce voisin bien « paternel ». Mais cette scène permet d'expliquer de fructueux conseils éducatifs.

Nous voyons aujourd'hui, beaucoup plus que par le passé, des enfants très éveillés, curieux mais bougeant beaucoup et parfois franchement agités. Un trouble désigné sous les termes d'« hyperactivité avec déficit de l'attention » est devenu à la mode. Aux États-Unis, de nombreux enfants (beaucoup trop) reçoivent un médicament pour traiter ce supposé trouble. Heureusement, en France, le contrôle médical est beaucoup plus strict dans la prescription de ce médicament.

Il ne faut pas en effet tout confondre. Il existe en effet des enfants présentant ce trouble, qui doivent être aidés par des spécialistes. Ils se caractérisent par une agitation quasi continuelle qui les déborde totalement et dont ils n'ont pas le contrôle. Ils épuisent leurs parents et leur entourage. Les laisser impuissants face à cette difficulté est une erreur. Ils risquent de se construire une image négative d'eux-mêmes. Les médecins et les psychologues ont constaté que, plus âgés, ils souffraient d'un manque important d'estime de soi et risquaient à l'adolescence d'être attirés par les drogues. Si un médicament permet à l'enfant de mieux s'adapter à son environnement familial, scolaire, amical, en limitant son agitation et son impulsivité, ce trouble nécessite aussi une aide psychologique pour l'enfant et pour les parents, volontiers sous la forme, pour ces derniers, de groupes qui réunissent des parents confrontés aux mêmes difficultés. Ceux-ci partagent une communauté d'expériences et de vécus, ils ne se jugent pas mais s'entraident.

Mais, dans la très grande majorité des cas, les enfants sont simplement des enfants qui s'ennuient, qui sont un peu stressés par une circonstance nouvelle, par un jeu ou une situation qui les excitent.

L'amour de Chloé pour Martin l'amène sûrement à ne pas vouloir lui déplaire en lui parlant fermement pour qu'il se calme. Elle sait que son fils est très heureux de prendre l'avion pour la première fois, qu'il aime beaucoup ses grands-parents. Elle ne veut pas faire de la peine à son fils. Mais son amour la rend impuissante à le calmer.

Le bon sens aurait dû lui faire prendre conscience qu'il s'excite inutilement, qu'il gêne les autres passagers et qu'elle peut très bien sans le faire souffrir l'asseoir à côté d'elle.

La logique devrait l'amener à comprendre que les phrases qu'elle prononce pour calmer son fils ne sont pas efficaces. Sans s'en rendre compte, elle exprime une contradiction : demander à son fils de 5 ans de se calmer et penser que, contrairement à ce qu'elle dit à son voisin, tous les enfants de son âge dans la même situation se conduisent ainsi.

On peut imaginer que l'effet positif du voisin est lié au fait qu'il est plus neutre qu'une maman, qu'il s'agit d'un homme, mais aussi qu'il a su associer amour, bon sens et logique en prenant de la distance et en cherchant un argument beaucoup plus audible pour ce petit garçon que les interdits, trop formels de sa mère. Savoir se dégager des sentiments, par ailleurs bien compréhensibles, avoir suffisamment de recul pour trouver les bons arguments qui sauront convaincre sont tout aussi utiles à l'égard d'un petit enfant que professionnellement à l'égard un groupe qui se montre initialement opposant à vos demandes ou vos propositions.

## Il refuse de travailler

L'école est le second lieu de vie de l'enfant. Les contraintes y sont nombreuses, importantes et complexes : apprendre, respecter l'autorité, penser et réfléchir, vivre en groupe. En tant qu'adultes et parents, nous les avons souvent refoulées et en grande partie oubliées. Nous avons un tout autre souci : celui que notre enfant suive une bonne scolarité et si possible même qu'il aime travailler. Quelle joie de voir son enfant s'intéresser à une lecture, faire avec goût des additions et plus tard résoudre un problème mathématique. Quel calvaire de faire travailler son enfant qui s'y refuse ! Un des problèmes fondamentaux de la vie de l'enfant repose sur ce choix apparemment simple : jouer ou travailler. Comment résoudre ce choix dont il découvrira plus tard qu'il était cornélien ! Quel enfant choisira joyeusement de travailler plutôt que de jouer ou de regarder la télévision ?

Pourquoi travaille-t-il alors ? Il le fait d'abord pour vous faire plaisir, il le fait aussi parce que vous le lui avez demandé. Un peu plus âgé, il le fait parce que « c'est comme ça, il faut aller à l'école », « c'est agréable de recevoir des compliments », « ça rend fier de vaincre ses peurs », « on aime apprendre des choses que les autres ne savent pas et qu'on peut alors soi-même apprendre aux autres ». Beau retournement de situation ! Lorsqu'il est encore plus âgé, le grand enfant, puis l'adolescent, comprend qu'il doit travailler pour faire un métier intéressant, pour gagner de l'argent et pour « réussir » dans la vie.

Le problème réside dans le fait qu'il y a des enfants et des adolescents qui n'aiment pas l'école, le plus souvent parce qu'ils ont eu des difficultés au démarrage de leur scolarité.

L'amour, le bon sens et la logique permettent d'aborder ces difficultés de façon adaptée en fonction de chaque enfant et de dépasser cette explication facile mais inutile et contre-productive : « C'est de la paresse. »

Ces difficultés sont de quatre ordres :

- Des difficultés d'apprentissage où l'enfant n'y est pour rien, comme on peut les rencontrer chez les enfants dyslexiques puis dysorthographiques ou dyspraxiques.
- Des difficultés affectives liées à une immaturité, à une inhibition ou un manque important de confiance en soi.
- Des difficultés relationnelles qui amènent l'enfant à s'opposer à la contrainte, à l'autorité et à l'effort ; demandé par l'adulte, parents ou enseignants.
- Des difficultés liées à l'école elle-même et au système scolaire pour des élèves qui se trouvent à un moment en retard, ou avec un enseignant qui ne les comprend pas suffisamment, et ont du mal à rattraper.

Signalons enfin une difficulté particulière que j'ai rencontrée fréquemment avec certains adolescents. Il s'agit de garçons ou de filles qui ont suivi une bonne scolarité dans le primaire et même dans le début du secondaire en raison de leur capacité naturelle de mémoire et de compréhension. Ils n'ont en fait jamais vraiment travaillé ni fourni des efforts pour passer d'une classe à l'autre. Mais arrive la cinquième puis la quatrième pour certains ou la seconde pour d'autres. Ces classes demandent non seulement d'être un peu doué mais aussi de travailler. Ils se découragent alors très facilement au grand étonnement de leurs parents qui considèrent à juste titre, les aimant incontestablement, que leur enfant n'utilise pas ses capacités. La logique amène à considérer que la réponse n'est pas de les accompagner ou de les faire accompagner par des cours particuliers centrés sur l'apprentissage direct des matières scolaires qu'ils ont à apprendre mais de leur apprendre à s'organiser et à travailler. Le bon sens est évidemment d'apprendre à son enfant dès le plus jeune âge que la vie ne repose pas simplement sur un savoir facilement acquis mais aussi sur du travail et de l'effort.

## Il a des difficultés de lecture, d'écriture ou de calcul

Dix pour cent des jeunes Français n'auraient pas suffisamment acquis ces trois opérations de base : la lecture, l'écriture et le calcul. Ces capacités se développent par un apprentissage progressif entre 5 et 8 ans. Comme le montrent ces chiffres, elles ne vont pas de soi. Les parents peuvent avoir tendance à penser que ces apprentissages doivent se faire à l'école. En fait, ces capacités de l'enfant dépendent tout autant de l'école que des parents. Quand un enfant pleure quand on lui demande, évidemment à l'âge requis, de lire, puis d'écrire, puis ensuite de compter, les parents savent le plus souvent juger spontanément et intuitivement s'il s'agit d'une attitude d'opposition et de refus, et par voie de conséquence une preuve de mauvaise volonté, ou s'il s'agit d'un enfant qui fait des efforts mais à qui on a l'impression de demander l'impossible. Les parents doivent également savoir que ces apprentissages ne se font pas à la même vitesse pour chaque enfant. Ce n'est pas parce qu'un frère ou une sœur a su commencer à lire à 5 ans qu'il en sera de même pour son petit frère ou sa petite sœur.

## *Les racines de la lecture*

Commençons par l'acquisition de la lecture. Elle se fait progressivement entre 5 et 7 ans. Certains enfants commencent déjà à lire en grande section de maternelle, la majorité en CP, quelques-uns apprennent vraiment à lire en CE1. Les parents doivent savoir distinguer la capacité de bien lire du goût pour la lecture. La première est une aptitude qui dépend du cerveau. En étudiant par plusieurs techniques d'imagerie fonctionnelle cette capacité de lecture, une équipe multidisciplinaire de l'hôpital Pitié-Salpêtrière (AP-HP) a pu démontrer qu'une zone du lobe temporal gauche était indispensable à la lecture[1]. Pendant qu'un enfant apprend à lire, son système visuel doit se modifier pour acquérir une spécialisation nouvelle pour la lecture. On sait aujourd'hui, grâce au développement des techniques d'imagerie médicale et d'enregistrement de l'activité cérébrale de sujets en train de lire, que cette reconnaissance visuelle active une zone du cerveau située sur le dessous du lobe temporal gauche, dans le cortex occipito-temporal. Pour effectuer cette tâche, un grand nombre de neurones s'activent dans cette zone précise, durant quelques fractions de seconde. Mais la lecture est une compétence culturelle très récente (5 000 ans) à l'échelle de l'évolution de l'espèce ; nous venons au monde avec le même cerveau que nos ancêtres illettrés d'il y a 50 000 ans. À l'âge adulte, la plupart d'entre nous avons eu l'occasion de lire plus de 100 millions de mots, ce qui nous confère un statut de lecteurs « experts ». La lecture est donc un acquis culturel récent, et c'est à la suite de l'apprentissage de la lecture, pendant l'enfance, que se développe dans notre cerveau cette expertise.

Ces connaissances scientifiques ont pour les parents un grand intérêt. Elles leur permettent de ne pas accuser *a priori* un enfant de paresse ou de désintérêt s'il a des difficultés à apprendre à lire, ce qui pourrait être ressenti par l'enfant en difficulté comme un manque d'amour. Mais elle permet aussi, dans ce cas de proposer, avec bon sens et logique, une rééducation orthophonique qui favorisera l'apprentissage de cette capacité. Nous avons en effet ici en cas de difficultés, un trouble maintenant bien connu que l'on désigne sous le terme de dyslexie. La dyslexie est un trouble du langage qui concerne l'apprentissage de la lecture et de l'écriture, et qui survient chez les enfants d'intelligence normale, ne souffrant d'aucun trouble affectif ou psychique particulier. Ces enfants retiennent facilement un texte dit oralement mais ont beaucoup de mal à mémoriser un texte écrit qu'ils n'arrivent pas à déchiffrer.

Ils ont assez souvent du mal à se repérer dans l'espace et confondent plus volontiers que les autres enfants la droite et la gauche. Certains signes peuvent alerter précocement, entre 2 et 3 ans. Un bégaiement, un retard de langage, des inversions de syllabes à l'oral peuvent se retrouver à l'écrit un peu plus tard. À l'inverse lorsqu'une dyslexie touche un enfant, ce dernier présentera souvent des difficultés importantes d'orthographe désignées sous le terme de dysorthographie. Si la plupart des enfants dyslexiques apprennent avec le temps à contourner leurs difficultés, tous n'y arrivent pas totalement.

Pour ces enfants, qui peuvent se sentir dévalorisés et encore plus malheureux, si on ne reconnaît pas leurs difficultés, l'amour, le bon sens et la logique des parents sont importants. Pour ne pas les détourner trop du plaisir de la lecture, il est important de lire des livres avec eux, de relire à haute voix les leçons de la journée et de faire travailler le plus possible la mémoire auditive, bien meilleure chez ces enfants que la mémoire visuelle. Pour la même raison, il est préférable de ne pas faire lire un enfant après qu'il a joué une heure à un jeu vidéo qui lui a bombardé le cerveau de millions de pixels, il n'est plus très disponible pour laisser aller son imagination naturelle. Nous voyons une fois de plus ici combien associer l'amour pour l'enfant, le bon sens et la logique paraît utile.

### *Difficultés de coordination, dyspraxie*

En ce qui concerne l'apprentissage du calcul, plus tardif que celui de la lecture et de l'écriture, auxquels il faut parfois associer les difficultés d'un raisonnement logico-mathématique, nous retrouvons les mêmes questions si ce n'est qu'il n'est pas toujours aisé de faire la différence entre une simple difficulté passagère d'apprentissage et un véritable trouble appelé ici dyscalculie. Cette distinction est néanmoins tout aussi importante que pour la dyslexie, certains enfants n'étant dépistés qu'au moment du collège alors qu'ils peinent de plus en plus à suivre une scolarité normale.

Ajoutons à ces deux difficultés concernant la lecture et l'écriture d'un côté et le calcul et le raisonnement logique mathématique de l'autre, une troisième difficulté que peuvent rencontrer certains enfants : une grande maladresse dans les gestes volontaires comme s'habiller, se coiffer, mettre la cuillère dans la bouche ou saisir un verre. Sans qu'on s'en rende compte, la plupart de ces gestes quotidiens, et apparemment tout à fait anodins, exigent une organisation du mouvement plus complexe qu'il n'y paraît. Lorsque ces difficultés sont importantes, on parlera alors de dyspraxie. Il s'agit d'enfants qui présentent un défaut d'automatisation des gestes et/ou de coordination visuelle. Ils sont d'intelligence normale mais sont confrontés à d'importantes difficultés liées à la forme des livres et documents scolaires, dont les pages sont surchargées d'informations visuelles et à une quantité d'écriture manuscrite, à une mise en pages trop foisonnante et trop chargée ? Ces enfants ont du mal à se repérer, face à trop d'informations. Ce sont aussi des enfants qui se cognent très souvent, tombent facilement de vélo et qui renversent beaucoup ce qu'ils manipulent. Pour aider les parents d'enfants ayant ce trouble, il existe une association « Le cartable fantastique de Manon » qui a pour objectif de fournir des ressources pour faciliter la scolarité d'élèves d'écoles primaires en situation de handicap et particulièrement d'enfants dyspraxiques.

Là aussi, l'attention bienveillante des parents doit aider l'enfant à ne pas perdre confiance en lui. La logique éducative pour ces enfants est de profiter des occasions que la vie quotidienne offre, par exemple, s'il est dyscalculique, on peut lui confier de faire des courses en comptant avec lui la monnaie. À la maison, on peut faire des jeux de calcul à l'aide d'un boulier chinois, support pour visualiser des opérations abstraites que l'enfant a du mal à se représenter ou utiliser bien évidemment une calculatrice. Aujourd'hui de nombreux jeux sur ordinateur utilisant le calcul et des chiffres ont l'avantage d'ajouter une dimension ludique pour l'enfant. Pour les enfants dyspraxiques, les jeux favorisant l'organisation du mouvement en commençant par des gestes simples ou l'équilibre sont à recommander.

Ces différents troubles d'apprentissage nécessitent le plus souvent l'intervention d'un rééducateur : orthophoniste, psychomotricien, psycho-rééducateur.

Il en est tout autrement des enfants qui refusent de lire ou de compter par désintérêt et qui ne sont motivés que par les images accompagnant la lecture ou les chiffres ou même que par les images tout court. Ce risque s'est énormément accru au cours des trente dernières années en raison du développement de la télévision et d'Internet. Ici, les parents doivent être vigilants à la nécessité que leur enfant lise et sache suffisamment compter. Comme chacun le sait, savoir parler, lire, écrire ne pas faire trop de fautes d'orthographe et savoir compter seront des compétences qui intégreront et valoriseront socialement un individu. Plus encore, tous ceux qui passent des heures à regarder des contenus de sites sur Internet devraient savoir qu'ils ont intérêt à trouver dans la lecture d'un bon vieux livre de poche une occasion d'apaiser leur cerveau. Les scientifiques ont récemment montré que le temps de traitement d'une information visuelle est augmenté de plus de 30 % sur un écran car les signes y sont beaucoup plus nombreux en termes de formes et de couleurs. Cela est source de fatigue et demande une attention accrue[2].

## *Ce que signalent les difficultés affectives*

Devant ces difficultés d'apprentissage qui ne relèvent pas d'un trouble de l'apprentissage mais beaucoup plus d'une opposition, d'un refus ou d'une provocation dont la signification est souvent un appel à l'aide implicite de l'enfant, les parents doivent s'interroger sur les raisons affectives de ce refus et si besoin se tourner vers un psychologue.

De même qu'il ne faut pas confondre une petite difficulté à lire ou à compter avec une véritable dyslexie ou dyscalculie, il ne faut pas confondre une opposition ou même un refus scolaire passager et un véritable trouble psychique et affectif qu'on désigne sous le terme de phobie scolaire. Il concerne des petits enfants entre 5 et 7 ans comme des grands enfants ou des adolescents qui refusent de se rendre à l'école ou, s'ils arrivent à s'y rendre, font demi-tour avant de pénétrer dans leur établissement. Ces enfants n'expliquent pas leur comportement par des raisons rationnelles et résistent avec des réactions très vives d'anxiété ou de panique quand on essaie de les y forcer. Ce refus s'associe souvent à des troubles du comportement, en particulier dans le cadre familial, caractérisés par des attitudes tyranniques, coléreuses et même agressives alors qu'en dehors de la famille, une attitude soumise, craintive et de repli domine. Il n'est pas rare de découvrir, chez ces enfants et ces adolescents, des manifestations de tristesse, de désintérêt évoquant un problème de mal-être dépressif. La nécessité de consulter un spécialiste va de soi.

*Chapitre 5*

# QUEL PARENT N'A PAS EU UN JOUR ENVIE DE TORDRE LE COU À SA PROGÉNITURE !

Même les parents les plus aimants ont pu ressentir à un moment ou un autre des pulsions agressives à l'égard de leur enfant. Il s'agit le plus souvent de situations dans lesquelles l'enfant heurte frontalement la relation de bonne entente et de calme tant souhaitée par le parent. Que faire face à un enfant qui s'oppose, qui fait des colères ou qui est de mauvaise foi ? Comment continuer à l'aimer, à accepter ces moments difficiles et savoir les gérer ?

## Il s'oppose

Chaque parent peut-il suivre facilement Simone de Beauvoir quand elle écrit : « Un enfant, c'est un insurgé[1]. » L'écrire est une jolie image, le vivre au quotidien est une autre affaire.

Jules, un petit garçon de 20 mois commence à peine à dire quelques mots, « maman », « papa », « doudou ». Il répond volontiers aux demandes que sa maman ou son papa lui adresse, « Non ». Pour s'amuser, ses parents lui disent « Tu es bête », réponse de Jules « Non », « Tu es intelligent », « Non », etc. Ce petit jeu fait beaucoup rire les parents de Jules. Ils n'ont peut-être pas conscience qu'ils viennent de démontrer que l'opposition n'est pas forcément un refus chez l'enfant, mais qu'elle est aussi souvent une manière de s'affirmer : « J'existe, je ne suis plus ce que vous pensiez, je suis un petit bébé qui n'est plus dépendant de votre bon vouloir. »

L'opposition, si fréquente chez l'enfant, n'est pas une maladie. Elle fait partie du développement normal et alterne avec des moments de calme et de docilité. « Il est si adorable quand il veut », se lamentent avec amour les parents.

À sa naissance, vous rêvez comme tous les parents, qu'avec tout l'amour que vous lui donnez, votre enfant répondra positivement à vos demandes, que tout se passera sans conflit ou sans heurt. Vous savez que c'est faux mais vous le fantasmez quand même. Vous savez même (en théorie !) que les conflits ont souvent une valeur stimulante pour apprendre à réfléchir, à s'exprimer, pour grandir. Mais voilà, à peine est-il bébé, qu'il refuse déjà de prendre le biberon que vous lui avez préparé. À partir d'un an et demi, il va commencer à courir vers des endroits interdits et dangereux, à 2 ans il va dire « non » à tout et s'opposer sans raison. Plus âgé, le départ à l'école ne sera pas tous les jours de tout repos, sans parler de l'adolescence que vous appréhendez avant même les premiers signes de puberté et des attitudes opposantes que, par anticipation, vous connaissez.

Alicia Lieberman[2] affirme que, chez les enfants non encore scolarisés, on constatait qu'au cours de la journée, dans le cadre familial, trois réactions d'opposition se produisaient en moyenne par heure. On sait également que plus l'enfant est petit, plus on constate de petits conflits, plus il grandit, plus les conflits suivent la même progression. Chers parents révoltez-vous contre les donneurs de leçons sur l'éducation ! Être parent n'est pas de tout repos.

L'opposition est une attitude si fréquente chez l'enfant et si agaçante pour les parents qu'il est bon d'en connaître les caractéristiques :

• Il est inévitable qu'un enfant s'oppose par moments. Comme le rappelle Gisèle George[3] qui y a consacré un très bon livre, l'opposition est si fréquente qu'elle devient souvent un thème de la littérature, de la bande dessinée ou du cinéma : du *Bon Petit Diable* aux *400 Coups*, du *Petit Nicolas* à *La Guerre des boutons*, de *Pinocchio* aux *Choristes* l'opposition de l'enfant et l'adolescent a pris des formes romanesques ou imagées qui permettent aux enfants et aux parents d'en comprendre de façon humoristique ou culturelle l'humanité.

• L'opposition est nécessaire. L'enfant ne peut grandir, s'affirmer, se sentir responsable et autonome que si, par moments, il s'oppose. On peut rappeler ici la célèbre formule du pédiatre psychanalyste Donald Winnicott : « Grandir est un acte agressif. »

• L'opposition s'exprime de façon différente selon l'âge, le sexe et le caractère.

• L'opposition peut être prévisible mais aussi imprévisible. Elle peut survenir quand on s'y attend et le parent peut alors s'y préparer, mais elle peut également survenir de façon inattendue nécessitant de garder immédiatement son *self-control*.

• L'opposition n'a pas toujours la même signification : elle peut signifier un besoin de s'affirmer mais elle peut être aussi une provocation. Elle peut également correspondre à une vision différente des choses, le point de vue parental ne correspond pas forcément au point de vue enfantin mais elle peut aussi signaler un conflit.

• Chez l'adolescent, l'attitude opposante fait vraiment partie de ce qu'on a appelé la crise normale du développement à cette période de l'existence. Pour s'affirmer, se définir par rapport à ses parents, se sentir exister, l'adolescent a besoin de s'opposer. La vie familiale peut en être perturbée et les parents mis à rude épreuve. N'allez pas penser que vous êtes de mauvais parents ou que votre adolescent est un monstre. Sachez tolérer une certaine dose d'opposition tout en expliquant simplement et clairement ce que vous souhaitez. Sachez établir sur des points précis un contrat qui, s'il n'est pas respecté, doit être reprécisé. Aujourd'hui, ce conseil porte tout particulièrement pour la gestion de l'utilisation des technologies contemporaines de communication : téléphone portable, smartphone, Internet.

Souvent, face à un moment où l'opposition a été plus marquée que d'habitude, vous avez, parents attentifs, trouvé une solution, tenté plusieurs stratégies. Vous avez privé de jeu ou de télévision, sanctionné, promis un cadeau s'il changeait de comportement, utilisé une stratégie paradoxale en faisant exprès de lui demander de désobéir. En dernière extrémité, vous avez donné une gifle ou une fessée en mesurant votre force. Vous avez entendu les conseils de grands-parents, d'amis, voire de professionnels vous dire : « C'est l'enfant-roi, mettez-lui des limites. » Ces tentatives de solution ont parfois été couronnées de suite de succès, parfois beaucoup moins.

## *Au-delà de l'opposition*

Comment y répondre, compte tenu de tous ces éléments, avec amour, bon sens et logique ?

L'amour de son enfant permet à chaque parent de comprendre que son petit bébé, son plus grand enfant ou son adolescent a par moments besoin de s'opposer, que nous-mêmes lorsque nous étions enfants, nous en avons eu la nécessité et en gardons des souvenirs qui parfois nous amusent. Ceci nous permet de comprendre que ce n'est pas parce que notre enfant s'oppose qu'il ne nous aime pas et qu'inversement nous pouvons lui manifester notre amour en tolérant avec recul cette attitude si évidemment elle ne s'installe pas ou n'est pas totalement inappropriée.

Le bon sens consiste à faire en sorte que l'attitude oppositionnelle de votre enfant ne tourne pas systématiquement au combat de boxe épuisant et toujours perdant-perdant. La relation risquerait alors d'être la source d'une tension permanente et d'une perte de confiance réciproque. L'amour des uns pour les autres pourrait alors se perdre rapidement. Il faudra savoir éviter les propos du type : « Il ne faut rien lui céder », « Il n'y a qu'à » ou encore : « C'est moi qui commande. » Le bon sens doit vous permettre aussi de comprendre que, lorsqu'il s'agit d'une provocation ou lorsque les conséquences de l'opposition peuvent être dangereuses pour l'enfant, il faut savoir y résister clairement, fermement et sans culpabilité.

La logique fait que, si nous devons élever nos enfants, il faut accepter qu'ils puissent exprimer leur opposition à nos exigences éducatives. Mais il faut aussi leur apprendre le plus tôt possible que l'opposition verbale est meilleure que l'opposition physique puis, quand ils sont un peu plus âgés, qu'une opposition ne peut être entendue que si elle s'inscrit dans un débat et non pas dans une polémique. Chacun sait que l'opposition est très souvent liée à un défaut de communication.

Face à une attitude d'opposition d'un enfant ou d'un adolescent, deux types de réactions doivent être évités.

• Tout d'abord disqualifier ou dévaloriser l'image de l'enfant en lui disant : « Tu te moques du monde », « Tu ne fais que des bêtises », « Tu n'es qu'un imbécile », etc. Si les plus petits ne savent pas répondre à votre propos, pour autant cela ne les encouragera pas à changer. Quant aux plus grands et aux adolescents, ils vous répondront en miroir par des propos violents sur vous-même ce qui sera une source d'escalade.

> Un père se fâchait contre son fils âgé de 13 ans qui ne voulait pas ranger son vélo. Ce père lui dit : « Tu n'écoutes rien, tu n'es qu'un petit crétin. » La réponse de ce garçon fusa comme un éclair : « Ça ne sert à rien que tu m'engueules, je ne changerai pas de caractère. » Ce qui me frappa, c'est la conviction avec laquelle ce garçon affirma son point de vue. Je me dis en moi-même que le propos de ce père, même s'il était sous le coup de la colère, fermait une porte pour un temps indéterminé.

Les critiques directes sur l'image que l'enfant ou l'adolescent peut avoir de lui-même suscitent, contrairement à ce que croient les parents, une réaction d'orgueil qui le fera réagir négativement.

• Il faut également éviter des critiques générales du style : « Tu as toujours une bonne raison pour ne pas faire tes devoirs » ou : « Tu ne ranges jamais tes affaires. » Comme le rappelle aussi Gisèle George[4], la discussion risque d'être longue car votre enfant, qui est évidemment intelligent, saura vous montrer que parfois il a rangé ses affaires ou qu'à d'autres moments il a fait ses devoirs. La recommandation est de se centrer sur l'objet précis du désaccord au moment où vous l'interpellez.

Une bonne communication dans une situation d'opposition consiste à expliquer le plus calmement possible votre point de vue à l'enfant, en restant ferme sans être agressif, à éviter le plus possible d'entrer dans un conflit et de ne pas oublier de le valoriser sur ce qu'il fait de bien.

L'opposition, lorsqu'elle prend des formes importantes, incontrôlables et fréquemment inattendues, est le signe d'une souffrance de l'enfant. Les spécialistes parlent alors d'un trouble que les psychologues et les pédopsychiatres connaissent bien : « Le trouble oppositionnel avec provocation[5] ». Ce trouble se caractérise beaucoup plus fréquemment que chez des enfants du même âge, par plusieurs manifestations d'opposition, de provocation ou d'hostilité, associées à des degrés divers. Pour qu'un parent considère qu'il doit consulter, il doit constater que son enfant :
– se met souvent en colère ;
– conteste souvent ce que disent les adultes ;
– s'oppose souvent activement ou refuse de se plier aux demandes ou aux règles des adultes ;
– embête souvent les autres délibérément ;

– fait souvent porter à autrui la responsabilité de ses erreurs ou de sa mauvaise conduite ;
– est souvent susceptible ou facilement agacé par les autres ;
– est souvent fâché et plein de ressentiment ;
– se montre souvent méchant ou vindicatif ;
– et que ces manifestations altèrent clairement à la fois les fonctionnements familial, scolaire et social.

Tout parent sait que son enfant pourra s'opposer à certains moments. Tout parent sait aussi que, selon sa propre disponibilité, il sera plus tolérant à certains moments qu'à d'autres. Tout parent peut alors faire preuve de bon sens et de logique pour gérer cette opposition, sans pour autant se culpabiliser de manquer d'amour

## Il se met en colère fréquemment

La colère d'un enfant est pénible surtout si elle se répète trop fréquemment. Lorsqu'il s'agit d'un bébé qui pleure et crie en même temps, spontanément le parent sait qu'il exprime un besoin qu'il ne peut pas encore être expliqué autrement, en particulier par les mots. À partir du moment où le langage apparaît chez l'enfant, les colères prennent une tout autre signification : elles sont le signe que l'enfant ne peut pas exprimer suffisamment calmement par des mots ce qu'il souhaite ou ce qui l'indispose, l'angoisse, le frustre ou le contrarie. « Mais dis-moi ce que tu veux », diront les parents attentionnés qui souhaitent comprendre ce qui arrive à l'enfant. Cela ne veut pas dire pour autant qu'ils doivent obtempérer aux demandes et aux caprices.

Comme pour l'opposition, dont la colère est un mode d'expression, il existe pour l'expression de la colère des périodes plus sensibles au cours du développement. Entre 2 et 5 ans, un enfant exprimera volontiers maladroitement son besoin de s'affirmer, de prendre sa place et d'attirer l'attention. Par un mouvement de colère et sans en prendre conscience, il testera son entourage et les limites. Il n'est pas suffisamment sûr de lui et ne manie pas encore suffisamment bien le langage pour s'exprimer « plus intelligemment ». Entre 8 et 12 ans, le grand enfant, ou aujourd'hui le préadolescent, vit une période où ses parents attendent de lui qu'il soit plus raisonnable, en oubliant parfois qu'il s'agit encore d'un enfant. Enfin, devenu adolescent, la colère redevient un mode d'expression de l'affirmation de soi auquel s'associent, surtout en début d'adolescence, des difficultés d'expression par le langage qui est souvent composé de phrases brèves ou d'onomatopées. Ses difficultés à maîtriser le langage ne l'aident pas. Soit alors il se tait avec un visage hostile devant des parents qui lui répètent : « Dis quelque chose, on ne sait pas ce que tu penses ! » Soit l'adolescent claque les portes, sort brutalement de la pièce, jette ses affaires violemment et peut même aller jusqu'à menacer les parents en leur disant qu'il est maintenant plus grand et plus fort.

On ne peut pas oublier non plus, et cela est vrai dès l'enfance, qu'il y a des tempéraments plus ou moins colériques, dépendant de l'hérédité certes mais aussi en grande partie réglés par les conditions d'éducation, qui doivent être pris en compte le plus précocement possible.

L'amour pour son enfant amène à chercher à comprendre ce qui le met en colère à ce point, à rechercher les raisons qui déclenchent généralement sa colère et à repérer les solutions qui l'en dégagent. Ceci nécessite évidemment une attention et un effort que seul l'amour parental permet.

Le bon sens fait dire qu'une colère ne sert à rien, qu'elle n'a jamais en elle-même résolu un problème, bien au contraire.

La logique constate que la colère appelle la colère. Il est aisé de comprendre qu'il est plus facile de déclarer la guerre entre deux parties que de la terminer. Plus l'intensité du combat est intense, plus les pertes seront nombreuses et pour les uns et pour les autres. Si parfois il faut fermement mettre un terme à la colère d'un enfant en l'envoyant dans sa chambre se calmer ou appliquer ce qui se faisait par le passé par les maîtres d'école : « Va au coin », le plus souvent il s'agit de rester calme ; puis à l'adolescence le plus efficace est de mettre à l'écart momentanément le problème sans pour autant le fuir, pour éviter l'escalade.

Les parents peuvent recourir aux méthodes que les professionnels utilisent pour aider les enfants à gérer leur colère :

• Apprendre à son enfant à relier l'émotion qu'il a manifestée à un contexte spécifique lui permet de ne pas généraliser ses émotions à beaucoup de situations différentes. Face à une colère qu'il vient d'avoir, plutôt que de dire : « Arrête de faire tout le temps des colères comme ça », il est préférable de lui dire : « Tu te mets souvent en colère quand tu ne retrouves pas ton jouet. »

• Lui permettre de se construire une image de lui-même au cœur de laquelle il se sent l'auteur des émotions négatives ou positives. Après avoir fait un tour de manège, lui rappeler autant la joie d'avoir attrapé la queue de Mickey que la colère de n'avoir pas pu monter sur le cheval qui était déjà pris par un autre.

• Lui raconter une colère analogue à celle qu'il vient d'avoir quand vous étiez vous-même enfant. Contrairement à ce que l'on peut croire, cela ne l'amènera pas à se sentir autorisé d'en faire de nouvelles mais le rassurera sur son débordement. Vous pourrez alors lui expliquer, à votre propos, les conséquences négatives que votre propre colère d'enfant a eues ou aurait pu avoir.

## Il est souvent de mauvaise foi

On peut s'amuser de la mauvaise foi d'un enfant. La Fontaine dans sa fable « Le coq et le renard » écrit : « C'est double plaisir de tromper le trompeur. » Mais on peut aussi sérieusement s'agacer d'un enfant qui est trop souvent de mauvaise foi.

### Transformer la réalité

Jérémie, âgé de 12 ans, rentre de l'école. Ses parents lui permettent maintenant de rentrer seul en métro avec deux de ses camarades. Il fait parfois des bêtises mais est généralement assez raisonnable. De plus, ses parents sont rassurés dans la mesure où il n'y a que deux stations de métro entre le collège de Jérémie et leur domicile. Cette fois-là, Jérémie arrive très en retard de l'école. « Que s'est-il passé ? », demande sa mère qui a été très inquiète. Gêné, Jérémie lui répond initialement que le métro avait du retard. Sa mère de toute évidence ressent qu'il ne dit pas la vérité. Elle insiste et lui dit fermement : « Dis-moi ce qui s'est passé. » Jérémie lui dit alors qu'il a dû sauter une barrière du métro car il ne retrouvait pas son billet. Un contrôleur l'a vu et lui a demandé qui il était et vérifié ses papiers d'identité qu'il a toujours sur lui. Ce contrôleur lui aurait dit qu'il allait prévenir ses parents, Jérémie aurait pleuré et le contrôleur, apitoyé, lui aurait dit qu'il considérait que c'était la première fois qu'il avait ce type de comportement et lui a demandé de ne plus jamais recommencer. À la manière dont Jérémie raconte son histoire, sa mère doute de cette version. Elle le soupçonne d'avoir sauté la barrière avec ses deux camarades ou pour faire le malin devant eux, plutôt que d'avoir perdu son billet. Jérémie a en effet fortement tendance à transformer la réalité quand il se sent en faute et fait preuve alors, de façon tenace et avec beaucoup d'aplomb, de mauvaise foi.

À la différence du mensonge, nous ne nions pas un fait mais notre responsabilité. La mauvaise foi est un acte conscient, la construction virtuelle d'une vérité : je transforme la réalité et je crois presque dire vrai. La mauvaise fois dissimule un désir, celui de ne pas se sentir responsable d'une erreur, d'une bêtise, d'une faute. Il y a également un équilibre entre l'envie d'être cru et la peur d'être démasqué. La mauvaise foi est une stratégie de défense qui fait rejeter la faute sur autrui, la malchance ou sur le destin : « J'ai perdu mon billet ! » Tout ceci n'est pas très éloigné du mensonge mais relève plutôt de l'art de la controverse que de la véritable tromperie malhonnête ou perverse. Les hommes politiques de qualité sont parfois de mauvaise foi, les hommes politiques médiocres sont souvent menteurs. Comme quoi les hommes politiques, aussi valables soient-ils, se conduisent parfois comme des enfants. À tous les âges de la vie, la mauvaise foi est pratiquée par tous ceux qui ont peur de ne pas être aimés s'ils se montrent faillibles.

Dès la petite enfance et même chez les adolescents, la mauvaise foi correspond plus à un jeu de l'esprit dans la relation à l'autre qu'à un véritable déni de la réalité. Volontiers pratiquée entre 3 et 7 ans, quand l'image de soi se construit dans l'amour des parents, elle permet à l'enfant de ne pas risquer de se sentir rejeté et d'affirmer son point de vue, tout en demandant implicitement aux parents de ne pas être cru.

Les parents peuvent parfois sourire ou même rire de la mauvaise foi de leur enfant. Ils peuvent alors lui dire : « Tu ne trouves pas que tu exagères... Tu ne pousses pas le bouchon un peu loin ! » Évidemment, si la mauvaise foi devient une attitude trop habituelle et si elle prend un aspect constamment provocateur chez l'enfant ou chez l'adolescent, le parent peut alors avoir envie de confier son petit imposteur à d'autres.

L'amour pour son enfant permet d'accepter que parfois il soit de mauvaise foi et de lui dire calmement mais fermement qu'on ne lui en veut pas mais qu'il vaut mieux dire ce qui s'est réellement passé.

Le bon sens fait, comme la mère de Jérémie, qu'on ne doit pas accepter une mauvaise foi systématique de la part de son enfant ou de son adolescent.

La logique fait que la mauvaise foi nous déplaît et nous met volontiers en colère. Face à un enfant comme Jérémie, nous devons montrer que nous ne sommes pas dupes tout en préservant par un commentaire astucieux ou humoristique l'image que l'enfant cherche à avoir de lui-même.

*Chapitre 6*

# QUEL PARENT N'A PAS UN JOUR ÉTÉ ANGOISSÉ ?

Combien de fois a-t-on attribué les difficultés plus ou moins passagères d'un enfant à l'angoisse excessive des parents ? Beaucoup sont allés trop loin dans ce sens et ont eu tort. Deux raisons simples expliquent mon point de vue :

• Il est normal quand on aime son enfant que certaines situations préoccupent et angoissent.

• Il y a certes des mamans ou des papas plus anxieux que d'autres mais je n'ai personnellement jamais rencontré dans ma vie professionnelle de parents qui s'angoissaient inutilement à propos de difficultés qu'ils rencontraient avec leur enfant ou leur adolescent.

## Votre bébé pousse des cris de douleur

Les mamans sentent intuitivement quand leur bébé souffre réellement. Il est donc justifié qu'elles fassent confiance à leur intuition. L'amour maternel joue ici à plein. Le bon sens fait aussi faire une grande part du chemin. Les premiers gestes viennent généralement tout naturellement : toucher le ventre du bébé pour voir si cela renforce ses cris, prendre sa température, regarder s'il a des boutons. Il est bon de vérifier qu'il n'est pas tombé de son couffin ou n'a pas coincé un de ses membres dans les barreaux de son petit lit. En cas de doute, il est logique de consulter rapidement son médecin ou son pédiatre. Mais le parent ne doit pas oublier que le bébé s'exprime principalement par son corps. La preuve en est que les coliques du nourrisson, source de manifestations de douleurs évidentes, désignées aussi sous le terme de « spasme du sanglot », le bébé pleurant, criant, perdant son souffle et pouvant aller jusqu'à perdre connaissance, sont des manifestations dans lesquelles la part psychologique est importante. Chez le bébé qui se tord apparemment de douleur et qui peut beaucoup impressionner, on retrouve fréquemment un facteur déclenchant pouvant faire penser à une réaction de mini-abandon réel ou imaginaire du bébé. On a remarqué par exemple ces coliques chez les nourrissons gardés en crèche lorsque survient un changement de personnel. Dans le cas du spasme du sanglot, on retrouve fréquemment là aussi un rapport de forces que le très jeune enfant met en place, généralement cours du deuxième semestre de son existence, pour s'opposer et refuser tout interdit vécu comme une frustration intolérable. Très souvent, ces spasmes du sanglot ne se déclenchent qu'avec une seule personne et nécessitent davantage de fermeté. Très tôt, l'enfant établit plus ou moins consciemment un rapport de forces avec l'adulte pour satisfaire ses désirs. L'amour du parent doit lui permettre de comprendre que ce rapport de forces est un signe d'affirmation de soi mais sa logique doit lui permettre de limiter les effets de ce rapport de forces quand il s'agit d'une attitude de toute-puissance sans prendre en compte l'autre.

## Il est triste de façon inhabituelle

Aucun parent n'aime voir son enfant triste. Quel parent n'est pas touché par son enfant qui pleure lorsqu'il sait qu'il doit momentanément s'en séparer ? Quel parent n'est pas lui-même malheureux quand il sait que son enfant souffre à cause du petit camarade qui en a préféré un autre ? Mais ces situations sont explicables et elles ne déclenchent pas de doute ou d'incertitude sur la tristesse constatée chez l'enfant. Il en est tout autrement lorsque l'enfant est triste, mal dans sa peau, irritable sans qu'une explication concrète puisse être avancée. Ici, à la tristesse du parent suscitée par la tristesse de l'enfant s'ajoute l'angoisse de ne pas connaître les raisons à l'origine de la souffrance. Même si cela est difficile à accepter, il est néanmoins avéré qu'un enfant peut réellement se déprimer. L'existence de troubles dépressifs chez les enfants est connue depuis le milieu du XIXe siècle, même si cela est moins fréquent que chez l'adulte. On sait aujourd'hui beaucoup mieux, bien que ce ne soit pas toujours facile, poser le diagnostic d'un véritable état dépressif chez l'enfant et chez l'adolescent. Chez ce dernier, le diagnostic est d'autant plus nécessaire que le risque suicidaire est important à cette période de l'existence.

L'amour parental induit une attention plus grande et évite, comme on peut parfois le rencontrer entre adultes, des propos du style : « Secoue-toi », « Tu as tout pour être heureux », « Sors t'amuser et ça ira mieux. » Le désir que ce mauvais moment passe tout seul est néanmoins présent et bien compréhensible.

Le bon sens est de rechercher des raisons qui auraient pu passer inaperçues et pour cela d'écouter et de communiquer le plus simplement possible avec son enfant.

La logique pousse souvent les parents à se culpabiliser et, pour une fois, il n'est pas souhaitable de l'associer à l'amour et au bon sens. Il est logique qu'un parent normal, qui aime son enfant soit amené à s'accuser de ne pas rendre son enfant heureux. Néanmoins cette tristesse peut avoir bien d'autres raisons que l'attitude du parent. Certains enfants peuvent être tristes de ne pas rendre leur parent heureux. Si ce dernier se culpabilise, le paradoxe sera que l'enfant en sera encore plus malheureux. J'ai rencontré plus souvent que je m'y attendais cette situation.

En cas de doute sur l'origine de cette tristesse inhabituelle et ses raisons, la logique doit pousser le parent à consulter un spécialiste.

## Il a des difficultés scolaires

Nous avons déjà vu qu'un parent peut avoir envie « d'abandonner son enfant à un autre », quand il refuse obstinément de travailler. Ici, il s'agit d'une situation différente. Le carnet scolaire de l'enfant n'est pas bon, il y a une menace de redoublement, l'école vous informe que son travail est insuffisant, qu'il a du mal à participer en classe ou qu'il manque de concentration. Vous êtes tout naturellement angoissé, vous aimeriez savoir quoi faire.

L'amour que vous lui portez vous fait craindre le manque de confiance en lui qui peut s'ensuivre et les risques que cette scolarité difficile entrave ses possibilités d'avenir.

Le bon sens amène à reconnaître des évidences ou à rechercher des causes bien apparentes. Il est évident qu'il existe des bons élèves et des moins bons. Il est tout aussi évident que chaque enfant est plus doué pour un domaine donné que pour un autre. Encore faut-il le reconnaître et savoir le valoriser. Sachez le féliciter pour le domaine où il réussit mais aussi pour ses capacités et ses centres d'intérêt autres que la scolarité : sa curiosité, ses qualités humaines, son sens de l'observation, ses activités extrascolaires. Cet encouragement aura un effet positif sur les activités qui lui sont moins agréables. Il est encore évident que les progrès de l'enfant ne sont pas linéaires et que tout apprentissage est fait de réussites et d'échecs.

Si ces difficultés sont récentes, l'arrivée d'un petit frère d'une petite sœur, un déménagement et un changement d'école, le décès d'un grand-parent adoré, une séparation conjugale expliqueront facilement le problème scolaire de votre enfant. Il peut également s'agir d'un nouvel enseignant que votre enfant n'aime pas ou d'une difficulté de relations avec les camarades de sa classe. Encore faudra-t-il, dans ces deux dernières situations, en connaître l'existence et savoir « converser » avec votre enfant, ce qui vous permettra d'en savoir plus. Vous saurez alors mieux réagir.

Si ces difficultés sont beaucoup plus installées, vous devez chercher des raisons moins explicites et recourir à une réflexion logique.

La logique doit alors vous amener à réfléchir à ces raisons moins apparentes. Votre première réflexion portera sur les deux grands groupes de causes qui font qu'un enfant présente des difficultés scolaires et qui parfois peuvent être associées, l'une entraînant l'autre :

• S'agit-il d'un problème de difficultés d'apprentissage ou d'un problème de comportement à l'école ? Précédemment, j'ai déjà évoqué les problèmes de lecture, d'écriture, d'orthographe, de calcul, de raisonnement. Il est logique que vous souhaitiez en savoir plus et que, dans ce but, vous soyez attentif aux observations de l'enseignant, sans en tirer des conclusions alarmistes et, si besoin, que vous n'hésitiez pas à consulter un professionnel du domaine concerné (orthophoniste, psychomotricien, psycho-éducateur, psychothérapeute).

• S'agit-il d'un problème de comportement ? Timidité excessive, manque important de confiance en soi, agitation, besoin de faire constamment le clown. Là aussi, l'avis de l'enseignant est intéressant. Votre enfant respecte-t-il suffisamment les consignes ou au contraire est-il isolé de ses camarades dans la cour de récréation ? L'enseignant constate-t-il qu'il est très dépendant de lui ou au contraire le fuit-il ? Ce problème de comportement peut-il venir de son tempérament ? Vous constaterez alors qu'il se comporte de la même façon chez vous et à l'école. Il est nécessaire de dédramatiser son attitude. Il vaut mieux lui faire prendre peu à peu conscience des conséquences de celle-ci, sans le culpabiliser. À propos de la timidité des enfants, Fénelon écrivait en 1687 : « Engagez-le, si vous le pouvez, à rire librement avec vous de sa timidité[1]. » Si les choses ne s'arrangent pas, l'aide d'un professionnel sera utile pour votre enfant et pour vous-même. Mais ce problème de comportement peut aussi venir de vous, sa mère et/ou son père. Plus ou moins consciemment, vous le savez. Évitez alors trois réactions toutes naturelles, car ce problème vous angoisse : nier ou fuir le fait que vous êtes un facteur en jeu, attribuer systématiquement à l'autre ou aux autres la responsabilité, passer à l'acte en voulant le changer d'école, le mettre en internat, ce qui dans ce cas risquera simplement de déplacer le problème ou encore en le punissant de plus en plus. Au contraire, même si ce n'est pas facile, affrontez franchement le problème d'abord avec l'autre parent mais aussi avec l'enfant. Vous découvrirez qu'il ne pense pas forcément comme vous, mais que ce qu'il ressent vous éclairera.

## Il est en pleine crise d'adolescence

« Il y a bien pire qu'un bébé : un ado[2]. » Ce mot d'esprit permet de situer l'ambiance des familles (et lorsqu'ils sont plusieurs, c'est encore mieux !) quand l'enfant est en pleine crise d'adolescence. Ce mot d'esprit rappelle aussi que l'adolescence, par certains aspects, comporte des similitudes avec les trois premières années de la vie : domination des émotions sur le raisonnement, communication par le corps, maniement et maîtrise difficile des mots, intensité des liens et douleur des séparations[3]. Du doudou du bébé au téléphone portable de l'adolescent, du suçotement du pouce au plaisir de l'alcool, l'adolescence rappelle la première enfance et, en même temps, représente une « seconde chance » pour affirmer son autonomie et son identité, quand celles-ci se sont heurtées à des difficultés au début de la vie.

Certes, vous êtes en face de votre enfant en pleine « crise d'adolescence » quand votre adolescent, depuis quelques mois, traîne les pieds pour aller au collège ou au lycée, qu'il met son tee-shirt sale et son jean déchiré par tous les temps, qu'il refuse toute discussion avec vous, qu'il est mutique à table ou ne parle que pour vous provoquer, quand il s'enferme ostensiblement dans sa chambre, qu'il ne sort que pour voir ses amis après les heures de cours ou le week-end, que vous le sentez dans un état de mal-être, sans raison manifeste, qui vous inquiète, vous êtes en face de votre enfant en pleine « crise d'adolescence ».

## *Comment le comprendre*

Votre effort pour le comprendre ne suffit pas mais il n'est pas inutile. Vous savez que l'adolescence est l'âge où votre enfant prend pour la première fois conscience que ses actes, ses paroles, ses choix ne dépendent plus des autres mais de lui-même, avec le sentiment de toute-puissance que cela engendre et la menace que cela représente. Vous savez aussi que l'adolescence est à la fois l'âge des premières fois, c'est-à-dire des initiations, des prises de risque, des essais et des erreurs, l'âge de l'affirmation des certitudes afin de ne pas laisser paraître ses doutes. Vous savez aussi, et le craignez, que l'adolescence représente aussi l'âge de tous les possibles, grâce à ce corps et à cet esprit qui acquièrent toutes leurs potentialités. C'est la période où le problème des choix et des décisions se pose : ces choix des plus apparemment anodins (habillement, heures de sortie) aux plus sérieux (choix amoureux, orientation scolaire puis professionnelle) peuvent être une source de relations particulièrement tendues ou angoissantes entre les parents et l'adolescent. Vous savez qu'en dépit de ses attitudes d'affirmation de ses idées ou de ses désirs, votre adolescent peut se sentir peu sûr de lui et cache ses angoisses liées à son corps, à sa relation aux autres, à son avenir dont apparemment il paraît ne pas tenir compte. Vous savez enfin qu'il reste encore beaucoup plus dépendant de vous qu'il ne le montre, sans doute le craint mais le désire aussi. La nécessité nouvelle d'affirmer son indépendance est à la hauteur de la crainte de l'avoir à assumer[4].

Tout ceci explique que votre adolescent peut exprimer à la fois égoïsme et générosité, avoir des réponses catégoriques à tout sujet et douter profondément de son corps, de lui-même et des autres, revendiquer fortement son autonomie et vous solliciter pour des actes banals de la vie quotidienne, mettre en avant son originalité et se fondre dans une mode ou dans un groupe où un conformisme évident est de règle, désirer de tout son être une relation charnelle et en avoir une peur intense. Je me rappellerai toujours cet adolescent qui s'était scarifié le bras et y avait inscrit au cutter « *Kill them* », « Tue-les » en anglais, qui s'entendait quand on le prononçait à haute voix en français : « Qu'ils aiment ». Évidemment, cela s'adressait à ses parents qui se souciaient beaucoup plus de lui qu'il ne le croyait.

Il faut aussi faire l'effort de comprendre, et ce n'est pas facile, face à un adolescent traversant cette période de crise, que « grandir est par nature un acte agressif[5] ».

Dans la relation aux parents, le désir de séparation, de distance et de désengagement qui caractérise l'adolescence commence par un sentiment de conquête de soi et de déception de l'adolescent à leur égard : il les « désidéalise » mais doit aussi renoncer à leur protection. Il lui faut alors trouver un autre idéal et une autre protection qu'il cherchera souvent de manière répétitive à l'extérieur du cercle familial. Ainsi, la communication devient plus difficile et nécessairement conflictuelle. De votre compréhension et de votre capacité à faire face à ces attaques et à ces mouvements contradictoires dépendra en grande partie le devenir de ces contradictions. Toute démission plus ou moins explicite de votre part ne fera qu'entretenir si ce n'est aggraver ces paradoxes. Le risque de baisser les bras n'est pas négligeable, soit par fatigue, soit pour des raisons personnelles liées aux problèmes psychologiques ou matériels que rencontrent eux-mêmes les parents. J'ai vu des adolescents en très grande difficulté face à cet « épuisement » psychologique ou physique de leurs parents ; ceci signifie et montre bien que l'adolescent a toujours besoin d'eux, mais sur un mode différent de celui de l'enfance. Il en a dorénavant besoin pour s'y opposer et s'y confronter. Quand il a trop bien « réussi » à les attaquer, c'est-à-dire quand les parents s'effondrent devant ses attaques plus ou moins explicites dans des moments difficiles, il s'en trouve beaucoup plus profondément culpabilisé que rassuré, et un cercle vicieux s'installe.

On voit des adolescents initialement s'opposer fortement aux parents et éventuellement aux professionnels que nous sommes pour ensuite, quelques minutes ou quelques heures plus tard, demander et accepter un réconfort totalement paradoxal par rapport à ce qui se passait deux heures auparavant ou la veille. Dans son comportement, ses pensées, ses sentiments, ses émotions, l'adolescent oscille entre un désir de séparation et un besoin d'attachement et de dépendance qui se contredisent réciproquement, et dont il peut souffrir. Là aussi, les attitudes parentales sont importantes.

Cette tâche de devenir un jour adulte passe par cette confrontation aux parents et aux propres représentations de l'adolescent. Tout ceci est difficile pour lui, mais l'est tout autant pour ses parents.

La question centrale de l'adolescence est sans aucun doute la construction définitive des identifications et par là même de la représentation suffisamment cohérente de soi, de son identité, de sa personnalité et de sa propre subjectivité. Pour parvenir à cela, les identifications à son père et à sa mère, ou à son père contre sa mère, ou à sa mère contre son père, doivent se transformer en une certaine représentation complexe mais compréhensible de sa propre psyché, permettant à l'adolescent de se construire son identité propre et, un jour ou l'autre, de devenir parent lui-même.

## *Quand il ne va pas bien*

La menace la plus importante de l'adolescence est probablement la « menace dépressive[6] ». Cette menace se manifeste souvent sous des formes déplacées d'attaque sur son propre corps comme on le voit dans un certain nombre de conduites à risques répétitives : il s'agit ici de ces adolescents qui multiplient les accidents de la route, voiture ou scooter. On voit aussi des adolescents qui vont un peu plus explicitement s'en prendre à eux-mêmes à travers des conduites d'automutilation explicites. Tous ces comportements apparaissent comme une manière absurde de s'attaquer et en même temps de se confronter au sentiment de rester vivant, c'est-à-dire de se sentir encore vivant. Ces attaques peuvent être encore plus explicitement exprimées sous la forme de troubles alimentaires graves. Actuellement, on constate une augmentation importante d'anorexies mentales ou de troubles boulimiques. On peut être confronté à des situations très impressionnantes : comme l'anorexie, où on voit des adolescentes maigrir et refuser l'idée qu'ils se mettent en danger. Ou bien lorsque des adolescentes boulimiques qui se gavent sans aucun plaisir se font vomir au cours de crises dont elles sortent d'ailleurs avec beaucoup de honte, ce qui les amène à répéter le même comportement dans des modalités addictives assez comparables à celles qu'on rencontre dans d'autres types d'addictions, en particulier la toxicomanie.

Ces comportements d'attaque de soi, d'attaques de son corps, se manifestent aussi à travers des comportements toxicomaniaques graves ou des comportements suicidaires à répétition.

Cette menace dépressive peut aussi s'exprimer sous des formes d'atteinte à ses propres capacités de penser, ou plus explicitement sous des formes d'effondrement scolaire. On voit là, et ils sont en cela beaucoup plus proches de ce que l'on rencontre chez l'adulte, des sujets qui expriment une difficulté de concentration de la pensée, une difficulté à prendre du plaisir à apprendre, un désintérêt, une grande lassitude, une grande fatigue, une difficulté à penser. Ces manifestations sont, à l'extrême, comparables aux dépressivités plus ou moins graves que l'on rencontre chez l'adulte.

Cette menace dépressive ne résume pas tous les problèmes de l'adolescence, mais elle représente sans doute, actuellement, une des formes les plus profondes du mal-être propre à beaucoup d'adolescents.

Face à tous ces comportements, une question vient tout naturellement à l'esprit des parents : quand dois-je vraiment m'inquiéter ? Ma réponse est simple : il faut réagir devant le cumul des problèmes à un moment donné et leur répétition dans le temps, qui montre que ceux-ci s'installent dans la durée (au-delà d'une année scolaire).

Que faire face à ces différentes questions ? Je proposerai simplement trois attitudes qui associent amour, bon sens et logique :

• D'abord, survivre, parce que les parents d'adolescents peuvent parfois être malmenés. Rappelons ce qu'a dit Winnicott : grandir était un acte agressif. J'ajouterai que la liberté ne se donne pas, elle s'acquiert et se conquiert. Il y a donc dans toute adolescence quelque chose d'agressif ou mieux encore de combatif. Grandir est aussi un acte combatif. Face à ce mouvement, il faut parfois survivre, ne pas s'effondrer. Les adolescents sont très malheureux de voir leurs parents s'effondrer, surtout lorsque ce sont eux qui les ont fait s'effondrer.

• Ensuite, vivre, parce que je crois qu'un adolescent est toujours en recherche « identificatoire » et qu'il a besoin de se représenter les personnes qui lui sont les plus proches (père et mère) comme des sujets pleinement vivants et le plus heureux possible. Il m'arrive de demander aux parents qui sont un peu épuisés, préoccupés et très centrés sur les problèmes que leur pose leur enfant : « Quelle est votre vie à vous ? Que faites-vous ? » Il faut retrouver un espace de vie, c'est important pour l'adolescent. Parfois l'adolescent vous pousse à ne plus vivre et à ne penser qu'à lui. Il faut donc vivre, ceci permet à l'adolescent de penser qu'il ne vous a pas attaqué « à mort » et que vous avez, vous aussi, votre capacité à vivre votre propre vie, indépendamment de ses attaques et de ses problèmes...

• Enfin, aimer, parce que je crois que la vie humaine n'est intéressante que si l'on est capable d'aimer. On ne peut aimer que si on est aimé. Quelles que soient les attaques que les uns ou les autres peuvent parfois ressentir de la part de leurs adolescents, il faut toujours garder à l'esprit que l'amour de son enfant est quelque chose qui sera fondamental pour lui. Cela sera un équilibre par rapport à ce qu'il peut vivre d'agressif et lui permettra de pouvoir aimer.

Ayons toujours ce mouvement d'amour vers eux et n'ayons pas l'angoisse d'être parfaits, acceptons le droit à l'erreur mais gardons toujours ce souci de les aimer.

## Il fume du cannabis

Il y a trente ans, quand les adolescents ont commencé à en faire usage, la question était de savoir si le cannabis pouvait être la porte d'entrée dans un processus toxicomaniaque qui, pour un certain nombre, se développerait par l'utilisation d'autres drogues conduisant à des problèmes beaucoup plus importants. À l'époque, les drogues plus dures, comme l'héroïne, les amphétamines, les barbituriques et, beaucoup plus rarement, la cocaïne posaient les problèmes les plus inquiétants. Il y avait aussi des travaux sur le LSD et les risques de délire plus ou moins momentanés que cette substance entraînait.

Aujourd'hui, la consommation des adolescents de cannabis est beaucoup plus répandue que par le passé ; elle touche tous les adolescents et de plus en plus jeunes. Incontestablement, l'accès au produit est socialement plus facile d'accès, tant concrètement que dans la diffusion de discours démagogiques dont on se demande quels sont les bénéfices que peuvent en tirer ceux qui les tiennent. De très nombreux parents que j'ai rencontrés et qui étaient directement confrontés à ces difficultés en ont été souvent choqués, surtout qu'aujourd'hui parler de dépénalisation n'est plus tabou.

Les parents sont inquiets, apparemment beaucoup plus que les pouvoirs publics qui, à certains moments, se sont montrés particulièrement laxistes et pour certains prosélytes.

Les demandes les plus fréquentes des parents, dans une recherche de bons sens et de logique à adopter, concernent plusieurs questions auxquelles je vais répondre. Ces parents lorsqu'ils s'interrogent sont déjà dans le bon sens et sont en recherche de logique pour savoir quelle attitude adopter.

### *Comment savoir si un adolescent consomme du cannabis ?*

L'adolescent vous le cachera autant qu'il pourra. Les indices reposent sur le sentiment qu'il a changé, qu'il est par moments amorphe et à d'autres excité. Vous pouvez aussi trouver dans ses affaires ou sous son lit un produit suspect dont l'odeur désagréable vous met la puce à l'oreille. Vous pouvez également le voir, les yeux rougis, plus ou moins endormi ou semblant ailleurs, un peu confus dans ses propos. En cas de doute, ne faites pas semblant de ne rien voir, intervenez fermement et demandez-lui franchement s'il consomme une drogue : s'il fume autre chose que des cigarettes, s'il a déjà consommé de l'ecstasy, de la cocaïne, ou autres produits illicites. Vous pouvez aller jusqu'à utiliser un test prescrit par un médecin. Le problème est que, si le résultat est positif, comment allez-vous gérer cette situation qui vous angoisse ? Je vous recommande de demander conseil à un spécialiste.

## *Doit-on distinguer les usagers récréatifs et les consommateurs abusifs ?*

Aujourd'hui, de plus en plus d'adolescents fument épisodiquement, soit une fois par semaine lors de sorties entre amis. Parmi eux, on observe un nombre croissant de ceux qui deviennent des consommateurs abusifs utilisant le cannabis de façon toxicomaniaque, en consommant tous les jours et même plusieurs fois par jour, seuls ou en groupe. Il n'empêche qu'il faut savoir distinguer ces deux types de consommation car leurs conséquences sont réellement différentes.

Les adolescents qui consomment de façon franchement abusive ce produit, qui fument chaque jour et plusieurs fois par jour, posent la question de l'articulation entre l'abus du cannabis, le processus de l'adolescence et une souffrance psychologique sous-jacente. Cette souffrance est le plus souvent anxio-dépressive et peut être à l'origine de cet abus dont la fonction est, dans ce cas, de la soulager artificiellement ; ou bien elle peut en devenir la conséquence tant ces produits sont, une fois l'effet apaisant ou euphorisant passé, source d'angoisse et de malaise dépressif. Les retentissements négatifs sur la vie familiale, scolaire et sociale sont toujours criants.

### *Pourquoi mon adolescent en consomme-t-il abusivement ?*

Je rencontre aujourd'hui beaucoup plus régulièrement qu'hier des adolescents en quête de repères, en quête de valeurs et en demande de compréhension et de soutien face aux questions quant à leur avenir. Le rôle des parents apportant amour mais aussi bon sens et logique est capital.

Les adolescents que je vois aujourd'hui sont beaucoup plus souvent que par le passé dans une modalité de fonctionnement que nous qualifions psychologiquement de « limite » : ils évoluent entre la réalité et la toute-puissance imaginaire comme peut le faire un petit enfant qu'ils ne sont plus. Ils expriment souvent leur désarroi après une confrontation avec une réalité qu'ils ont du mal à accepter : le travail scolaire, les limites imposées normalement par les parents ou par les réalités du monde. Ces adolescents sont en quête d'identité stable et de véritable autonomie et non de fausse indépendance, comme ils le manifestent uniquement en apparence. L'autonomie, une fois de plus, ne se donne pas, elle se conquiert. Encore faut-il rencontrer de la résistance, qui ne soit ni un rejet total ni une absence d'opposition tout aussi dangereuse, pour que ce processus s'opère. Comme beaucoup de mes collègues, je rencontre aujourd'hui beaucoup d'adolescents dont la demande porte sur la recherche d'un appui stable, solide et bienveillant. On comprend que la rencontre avec un produit apaisant qui abrase tout ce qui est source de contrainte, mais aussi d'insécurité, d'angoisse et d'incertitude, puisse susciter chez ceux qui sont les plus fragiles, le besoin répété de retrouver cette source d'apaisement et d'agrément sans limites.

Je prendrai l'exemple du symptôme le plus manifeste et toujours présent : la grande difficulté à s'endormir. Si un adolescent, dont l'excitation physique et psychique est importante, ne réussit pas du tout à s'endormir, c'est parce qu'il ne trouve pas en lui la source de tranquillité qui lui permet, après un certain temps d'excitation, de s'apaiser. Dans l'impossibilité de s'appuyer sur ses ressources internes, constituées au cours de l'enfance, pour se sentir maître de son propre relâchement, il ne parvient pas à se laisser aller tranquillement à l'endormissement. Aujourd'hui, l'adolescent qui ne réussit pas à s'endormir peut trouver un artifice sur lequel s'appuyer pour y trouver la tranquillité. Le cannabis est utilisé comme un « pont hypnotique » vers le sommeil et comme un appui rassurant totalement dépendant de soi : « Je décide d'en prendre ou de ne pas en prendre. » À cela s'ajoute une recherche de plaisir immédiat.

Qui dit mieux, associer le plaisir et l'apaisement. Quand un bébé tète le sein de sa maman, il y trouve à la fois de l'apaisement et du plaisir. Or ce sont deux sentiments différents. Leur association suscite un état de bien-être suffisamment intense qui constitue à lui seul une raison profonde d'en rechercher la répétition. Et c'est justement ce à quoi le cannabis fortement dosé, comme c'est le cas aujourd'hui, permet d'accéder. En cela, il se rapproche, dans ses effets, des drogues dites dures, comme les opiacés.

Certains adultes considèrent les médicaments comme des drogues. Pourtant, il existe une différence fondamentale : les médicaments ne procurent pas de plaisir, ils ne donnent que de l'apaisement ; le cannabis, aujourd'hui dosé plus fortement en substance active, lui, donne les deux à la fois, offrant la possibilité de vivre une expérience que l'on maîtrise, qu'on va pouvoir reproduire autant qu'on veut et qui permet de se sentir en sécurité et dans un état de plaisir profond. De ce fait, le cannabis représente l'« objet autogénérique » des deux besoins les plus vitaux du sujet humain. Or ces adolescents qui sont proches d'une « organisation limite de la personnalité » trouvent ici un « complément idéal à leurs deux "carences" » : la capacité d'utiliser leurs propres ressources internes pour s'apaiser et la capacité de se donner du plaisir. Il existe donc chez les adolescents d'aujourd'hui une vulnérabilité à rechercher ce qui peut procurer, venant de l'extérieur d'eux-mêmes, cette double satisfaction. La consommation abusive du haschisch en est un des moyens.

### *Pourquoi certains et pas d'autres ?*

Tous les adolescents ne deviennent pas des consommateurs abusifs de haschisch. Même si l'accès au produit est nettement plus facile que par le passé, même si le produit est plus puissant, même si le contexte culturel et social facilite un mode d'organisation psychique plus vulnérable à la recherche de drogue et plus fréquent, la question demeure : pourquoi certains et pas d'autres ? La rencontre avec les adolescents qui nous demandent de l'aide permet d'avancer une explication. Deux situations se présentent. Soit il s'agit d'adolescents qui, pour des raisons diverses (génétiques, médicales, intellectuelles, relationnelles, affectives) liées à leur histoire infantile personnelle, ont des difficultés psychiques déjà importantes, passées jusque-là plus ou moins inaperçues, mais dont on retrouve toujours des indices révélateurs. Soit nous sommes confrontés à des adolescents dont l'environnement social et/ou familial a été ou est, au moment de l'adolescence, réellement défaillant. Ces adolescents ont donc une vraie difficulté à identifier les bonnes sources d'apaisement et de plaisir et tendent à choisir alors les plus faciles, sans en mesurer les conséquences négatives ; ou bien ces adolescents ne trouvent pas autour d'eux les personnes auxquelles ils pourraient s'identifier en toute sécurité et avec une satisfaction personnelle. Pour certains, se pose la question des difficultés d'intériorisation du message du parent, pour d'autres c'est la présence d'un parent comme objet d'identification constructive qui fait défaut. Cependant, nous voyons des parents qui, incontestablement, ne sont pas défaillants, qui transmettent un message, mais c'est l'adolescent qui a du mal à l'intérioriser. Par ailleurs, nous voyons des parents qui ne transmettent aucun message ou bien un message défaillant.

Pour ces deux types de problématiques, la rencontre avec le cannabis prend une valeur beaucoup plus significative que pour d'autres. C'est un produit qui répond à son besoin, qui n'est pas défaillant parce qu'il donne du plaisir et de l'apaisement, et on peut se le procurer très facilement.

Les situations sont évidemment spécifiques à chaque individu. Nous, cliniciens, nous constatons que nous ne pouvons expliquer ce qui se passe profondément pour un sujet qu'au cas par cas. Je voudrais ici relater une expérience récente de portée plus générale. Je rencontre de plus en plus d'adolescents qui apparaissent comme de gros fumeurs de haschisch présentant d'importants troubles de l'attention. J'avais d'abord pensé que la cause en était le cannabis jusqu'à ce que je découvre que certains de ces adolescents avaient été des enfants hyperactifs. Enfants, ils n'avaient jamais réussi à s'autocalmer. À l'adolescence, la rencontre avec cette drogue, leur a brutalement apporté une « solution ». En cherchant une voie d'apaisement, ils ont trouvé le cannabis ! Le cannabis les a protégés de la délinquance, en revanche il les a « désinsérés » sur le plan de la scolarité et peu à peu socialement. La « solution délinquante », par l'agir et le passage à l'acte, avec déchargement des tensions, a été évitée, mais la « solution névrotique », par la retenue, la mentalisation et la sublimation, s'en est trouvée court-circuitée.

Nous rencontrons une autre situation, celle où le cannabis est venu révéler une fragilité plus grave, dont nous ne pourrons jamais savoir si, sans la drogue, elle se serait révélée ou pas. Ce qui est maintenant bien connu est que l'abus régulier du cannabis peut favoriser des troubles mentaux graves.

## *Que devient un grand consommateur de cannabis ?*

Le caractère décidément individuel de la consommation de cannabis et de ses conséquences est confirmé par le fait qu'il n'y a pas de destin prédéterminé. Je suis toujours incapable aujourd'hui de formuler un pronostic ou d'envisager la destinée de ces adolescents. Dans l'expérience que je peux en avoir, les évolutions sont imprévisibles. J'ai revu cinq ans, dix ans plus tard, des sujets ayant été des gros consommateurs de cannabis dont le devenir a été tout à fait favorable à ce niveau mais qui ont raté une période cruciale de leur vie ; et d'autres, au contraire, en très mauvais état. Autre caractéristique : nous rencontrons en effet aujourd'hui de grands consommateurs plus âgés qu'auparavant.

Cela veut-il dire que cette consommation abusive n'a aucun retentissement sur certains ? J'aurais tendance à penser qu'elle inscrit le sujet dans une relation particulière au monde. Si cette recherche d'appui sur un objet extérieur au pouvoir magique et source de plaisir s'est faite en situation de difficulté personnelle plus profonde, le sujet retrouvera plus tard cette voie qu'il a largement ouverte et, souvent, il s'engagera dans des relations humaines dominées par une dépendance à l'autre. C'est ainsi que j'ai été conduit plusieurs fois à dire à mes patients, anciens gros consommateurs de haschisch, souhaitant me rencontrer en raison de difficultés avec leur amoureux ou leur amoureuse du moment, dont ils se sentaient très proches mais avec qui les relations étaient difficiles du fait de leurs comportements : « Vous parlez de votre petite amie comme vous me parliez de votre drogue ! » Ils reconnaissaient et acceptaient très volontiers cette remarque.

Cette relation de dépendance à l'« objet », source à la fois de sécurité et de plaisir, évoque la fameuse « aire transitionnelle[7] » ; cette essence de l'illusion humaine permet à l'être humain d'imaginer une pensée ou un contexte où n'est pas requise une distinction claire entre ce qui est objectif et ce qui est subjectif, entre ce qui est réel et ce qui est imaginaire, entre ce qui est perçu et non perçu. L'« aire transitionnelle » permet certes d'avoir une relation au monde mais pas encore de se sentir en confiance seul avec soi-même.

### Seul avec soi-même

C'est ce qui s'est sans doute passé pour Gérard qui a perdu son père quand il avait 10 ans. Ce dernier est resté très idéalisé dans son esprit à la fois par le deuil qu'il avait à en faire et par l'image que continuait à lui en donner sa mère. Comment imaginer ressembler un jour à ce héros mythique ? La mère, commerçante, était très occupée et le garçon s'est senti abandonné. À l'adolescence, il s'est retrouvé seul. C'était insupportable. Un jour il me dit : « Je suis vraiment content car j'ai pu rester seul pendant trois heures, ce que je n'avais pu faire jusqu'à maintenant ! » Démuni, il essayait de se créer un espace personnel avec la passion pour un type de musique très noire, destructrice et terrifiante pour son environnement proche et en particulier pour sa mère et son frère aîné. Replié sur un groupe d'amis assez marginaux, à qui, comme à lui, le cannabis donnait un appui pour exister dans cette aire d'illusion où se déchaînait la haine exprimée par la violence des mots et des rythmes. Gérard rencontra une fille qui lui posa les questions que l'on se pose à l'entrée dans l'âge adulte : qui était-il ? Pourquoi était-il comme ça ? Est-ce qu'il allait prendre la suite de la lignée parentale, famille de commerçants de père et de mère en fils ? C'est alors qu'il fit deux voyages aux États-Unis : la première fois, il traîna à New York, se drogua abondamment, la seconde fois il accompagna sa mère dans un salon professionnel. L'image qu'il eut alors de lui-même, alternativement capable de haine et d'amour, lui fit prendre conscience qu'il était pris dans une lourde ambivalence, source de dépressivité et que le cannabis était un leurre, lié à sa musique, et devenant source de conflit avec sa petite amie. C'est justement sa dépendance à cette dernière que j'ai travaillée avec lui, allant jusqu'à l'encourager à continuer sa musique qu'il investissait du reste plus modérément : elle faisait partie de sa vie. J'étais convaincu que s'il abandonnait trop vite cette aire d'illusion, il retrouverait une dépendance, sous une forme ou sous une autre.

Comment évoluera dans trente ans ce phénomène social et de santé publique pour la population adolescente ? Personne ne peut le dire. Il en restera, selon nous, non seulement des séquelles pour ceux qui en auront subi les plus grands dommages personnels ou familiaux, mais il restera aussi la question de savoir par quels moyens le besoin humain de sécurité et de plaisir, la nécessité de se construire suffisamment indépendant des autres seront exprimés.

## « Réveillez-moi quand j'aurai 30 ans ! »

Selon les statistiques officielles italiennes, près des trois quarts des « jeunes » de 18 à 39 ans vivent toujours chez leurs parents. On les appelle les « *bamboccionni* », les « grands poupons ». On le sait, les Italiens aiment beaucoup leurs parents. Mais les « *mamma* » commencent à se lasser de leurs « Tanguy ». À Venise, un couple de retraités a fait appel à un avocat pour mettre à la porte leur fils de 41 ans devenu un tyran[8]. Le phénomène n'est pas unique en Europe et ailleurs dans le monde.

Quand on est devenu parent, on n'imaginait pas que les enfants allaient grandir si vite, ni que notre enfant resterait quelque part notre enfant toute notre vie. « Il faudra bien un jour qu'une séparation se produise », pensait-on.

Mais cette fameuse séparation, quand va-t-elle se produire et comment ? Certes, nous éprouvons progressivement des sentiments d'éloignement de notre enfant à chaque fois qu'il grandit, qu'il s'affirme plus nettement et fait des choix différents des nôtres. Le problème me disait une amie, c'est d'être dans la vie, confronté à des situations qu'on n'attendait pas et auxquelles on n'était pas préparé. Elle avait raison.

En fait, tous les petits signes d'autonomie de nos enfants nous touchent. Si on aime ses enfants sans pour autant les empêcher de prendre leur envol, nous avons un petit pincement au cœur de les voir grandir. Il n'y a que ceux qui sont suffisamment égoïstes pour ne s'occuper que d'eux qui ne ressentent pas ces sentiments.

Et puis arrive le temps de la « grande séparation », quand notre enfant s'engage réellement dans la vie. Beaucoup de parents en sont inquiets : fait-il le bon choix ? Peut-il s'assumer tout seul et à deux ? Est-il suffisamment mûr ? En un mot, est-il vraiment sorti de l'adolescence ? se demandent-ils parfois avec impatience, parfois avec beaucoup de regret, parfois avec trop de regret. Ici, l'amour ne va pas toujours avec le bon sens et la logique. Il y a des parents – reconnaissons-le, surtout des mères – qui ont du mal à accepter que leur enfant est devenu adulte, et qui ont tendance à le couver et le traiter comme un enfant, ce qui énerve tout particulièrement leur conjoint. Je me souviens d'une mère âgée de 82 ans qui, à propos de son fils de 56 ans qui devait passer des examens médicaux, fit un lapsus révélateur : « J'espère qu'il pensera à aller chez le pédiatre demain. » Elle voulait évidemment dire le médecin !

Comment alors « évaluer » avec amour, bon sens et logique les critères qui permettent de considérer qu'un sujet s'est suffisamment dégagé des enjeux de l'adolescence et qu'ils sont bien ceux qui caractérisent une existence d'adulte : pouvoir aimer et travailler ?

Si nous partons de ce postulat, les réalités sociologiques contemporaines nous interrogent. « J'ai 25 ans et je crise ! », dit Julie, « J'ai le blues du quart de vie », affirme Jérôme. Pas facile de devenir adulte ! Comment définir une « maturité émotionnelle » ?

Que cela signifie-t-il quand nous savons qu'au cours de ces cinq dernières décennies la transition de l'adolescence à l'âge adulte s'est prolongée et les aspects qui en représentaient les signes les plus manifestes sont devenus de plus en plus flous ? Nous sommes loin des fameux rites de passage marquant les cérémonies d'initiation qui faisaient passer, selon les cultures, plus ou moins rapidement et à un âge variable mais toujours repérable par le corps social dans son ensemble, les adolescents au statut d'adulte.

Donner aujourd'hui un âge de fin d'adolescence devient pour une grande part aléatoire.

### *Quand l'adolescence n'en finit pas*

Sûrement moins socialement cadrés que leurs prédécesseurs, nos « Tanguy » contemporains, au-delà de leurs revendications apparentes de liberté et d'autonomie, ne semblent pas être particulièrement pressés d'en finir avec leur adolescence, et en cela ils inquiètent leurs parents.

Aujourd'hui, la fin d'adolescence n'en finirait-elle pas de finir ? Dans une société qui demande d'être constamment flexible, l'adolescence risque de devenir un état permanent. Un psychanalyste français, en 2000, Tony Anatrella a proposé un nouveau repère : « l'adulescence ».

Partons de faits concrets. Pour les collégiens et lycéens, la fin d'adolescence se déroulerait-elle aujourd'hui comme par le passé au moment de l'entrée à la faculté ? Cela n'est pas évident. Plusieurs travaux ont montré une forte prévalence des difficultés psychologiques au cours de la première année d'études supérieures, passage pour beaucoup d'un cadre familial protecteur à une autonomie plus grande, réclamée ou imposée.

La fin d'adolescence se déroulerait-elle aujourd'hui comme par le passé, au moment de l'entrée dans la vie active ? Là aussi, pour beaucoup de jeunes, cette entrée dans la vie active de jeunes travailleurs est instable, faite de contrats à durée déterminée et de travail temporaire.

Chacun s'accorde pour reconnaître que, dans nos sociétés contemporaines, l'engagement dans la vie de couple et l'engagement dans la vie professionnelle, c'est-à-dire aimer et travailler, ne constituent plus des repères sociologiques simples. Une étude[9,10] portant sur les 80 millions de jeunes européens âgés de 15 à 29 ans montre que ceux-ci retardent ou se voient refuser le passage de la formation à la vie active ; en 1987, 50 % des jeunes de 18 ans travaillaient ou étaient à la recherche d'un emploi, ils n'étaient plus, en 1995, que 41 % dans cette situation. Autre signe de cet allongement, l'âge moyen des mariages a pris un sacré coup de vieux : en 1995, il était de 32 ans pour les hommes et de 29,6 ans pour les filles ; quinze ans plus tôt il était respectivement de 28,4 et de 26,1 ans. Aujourd'hui, l'âge de ces grandes étapes de la vie s'est encore retardé. Plus encore, comme Michel Delage[11] le souligne, il y a sûrement de multiples engagements dans la vie de couple : « ... au côté de célibats prolongés ou à l'inverse de couples précocement stables... on constate un ensemble de formes intermédiaires de vie en couple, au point d'ailleurs que la définition même du couple est rendue difficile. Il y a les adolescents qui ont une copine, un copain et qui sont identifiés comme ayant une relation de couple... Il y a les couples juvéniles, installés dans un mode de vie de type associatif et par conséquent réversible... Il y a les couples cohabitant chez les parents de l'un ou l'autre et se maintenant dans une relation de dépendance au moins matérielle à la génération précédente. » Comme le montre cet auteur, ces couples sont « semi-indépendants ». Ces modalités d'existence en couple, intermédiaires, non institutionnalisées, représenteraient-elles aujourd'hui cette période moratoire entre l'enfance et l'âge adulte qui se prolonge bien au-delà de ce que les générations précédentes connaissaient ? Qu'en est-il donc de la fin de l'adolescence ?

Ces transformations sociologiques évidentes n'affectent-elles pas aussi bien le cerveau, la vie émotionnelle que la relation à soi et aux autres, que les comportements les plus apparents ou la personnalité profonde ?

La prise en compte de ces différentes réalités externes peut inquiéter les parents mais aussi leur permettre soit de relativiser les difficultés d'installation dans la vie de leur enfant, qui risquent de conduire à une dramatisation dommageable, soit au contraire d'éviter de négliger des « adolescences éternelles », sans doute problématiques, à considérer sérieusement pour l'avenir de ceux qui les vivent.

Pour aider chaque parent à se repérer dans ces transformations, sources d'incertitudes mais signes de la modernité, les critères de maturité de la vie émotionnelle et de la relation à soi et aux autres sont évidemment à prendre en compte. Un psychanalyste américain, William C. Menninger[12], avait proposé sept critères de maturité émotionnelle, correspondant à l'entrée dans le statut d'adulte. Il s'agit de :

- la capacité de faire face constructivement à la réalité ;
- la capacité de faire face au changement ;
- une prise de distance et un contrôle suffisants des comportements produits par des tensions momentanées ou de l'anxiété ;
- la capacité de trouver autant de satisfactions en donnant qu'en recevant ;
- la capacité d'établir des relations aux autres de façon stable et consistante, en tenant compte de la satisfaction et du besoin d'aide de chacun ;
- la capacité de sublimer, c'est-à-dire savoir diriger son énergie instinctive agressive ou sexuelle vers des activités constructives et créatives ;
- la capacité d'aimer.

Il est certain que ces différents critères peuvent correspondre, surtout s'ils sont tous présents, à l'adulte « réussi ».

Il est tout aussi certain que l'acquisition de ces différents critères chez un enfant pourra être vue par les parents comme le signe d'une éducation réussie. Mais quel adulte aujourd'hui, même parent, peut considérer qu'il remplit tous ces critères ?

D'autres psychologues[13] ont assimilé l'entrée dans la vie d'adulte à la fin de la crise d'identité, caractéristique de l'adolescence. Cette crise d'identité, sous ses différentes formes, débouchera sur la formation d'une identité variable selon les individus, mais dont la caractéristique générale sera la capacité d'une prise de distance, c'est-à-dire la délimitation d'un territoire d'intimité propre mais aussi de solidarité avec autrui. Elle serait aujourd'hui beaucoup plus tardive dans la vie qu'on le croit (certains pensent qu'elle se situe en moyenne vers 35 ans !). Au cours de cette crise : « L'identité doit être recherchée. L'identité n'est pas donnée à l'individu par la société, ni n'apparaît comme un phénomène de maturation, comme les poils pubiens. Elle doit être acquise au prix d'efforts individuels intenses. C'est une tâche d'autant plus difficile qu'au moment de l'adolescence le passé est en train de s'effacer avec la perte de l'ancrage dans la famille et la tradition, le présent se caractérise par les changements sociaux, et l'avenir est devenu moins prévisible. » Aux parents de contribuer à ce développement en se montrant suffisamment optimistes sur leur propre existence d'adultes. « Les enfants apprennent de leurs parents même à n'aimer rien », écrivait Fénelon[14].

Pour d'autres encore, la fin d'une adolescence (réussie) serait marquée par l'acquisition d'un « idéal du moi », c'est-à-dire une capacité à se projeter dans l'avenir avec optimisme et des projets de vie[15]. Il est vrai qu'on peut de plus en plus souvent observer des « adolescents retardés » ou des « éternels adolescents », chez qui cet « idéal du moi, » fait défaut, souvent remplacé par des fantasmes de toute-puissance, comme si tout leur était possible sans s'en faire. Les parents ont de quoi s'inquiéter pour l'avenir de tels « enfants ».

## *Enfants d'une époque*

De nos jours, l'adolescence constitue sûrement une période plus longue que par le passé, semblant justifier ainsi le proverbe africain qui affirme : « Tu es plus le fils de ton époque que le fils de ton père. » Ce développement irréversible, radical, que constitue l'adolescence, a toujours été source d'une formidable potentialité mais aussi d'une véritable difficulté pour ceux qui la traversent en acteurs principaux, en partenaires ou en témoins. Pour les acteurs, c'est-à-dire les adolescents eux-mêmes, la fin de cette bouleversante, dans tous les sens du terme, étape de la vie est à la fois un soulagement et une conquête, la source d'éternels souvenirs, en particulier ceux des « premières fois », mais elle est aussi marquée par le regret ou, pour certains, la difficulté de grandir au point d'en rechercher plus tard des rappels dans différents champs de la vie : amoureux, ludique ou aventureux. Laissons le temps aux adolescents de devenir adultes et laissons les adultes restés pour une part adolescents, c'est-à-dire insouciants et pleins d'espoir. « Se sentir toujours espérer et se sentir heureux fait vivre vieux », ce n'est pas un psychanalyste qui le dit mais un professeur de neurologie, D. Snowdon, de l'Université du Kentucky. Pour les parents, partenaires et témoins mais aussi responsables de l'avenir de leur enfant, les inquiétudes par moments sont ainsi tout à fait justifiées.

*Chapitre 7*

# QUEL PARENT N'A PAS CONNU DE VRAIS MOMENTS DE BONHEUR ?

Nous venons de voir qu'être parent peut être cause de nombreux soucis et, osons le dire, parfois de regrets. Mais quelle joie de prendre dans ses bras son enfant qui vient se faire câliner, quel émerveillement d'entendre les premiers mots, « ma...man », « pap...a » ! Quelle récompense de voir le premier dessin que ce petit garçon ou cette petite fille a fait pour votre anniversaire ! Quel plaisir d'entendre votre fils vous dire : « Tu es la maman la plus rigolote que je connaisse », quel soulagement d'entendre votre fille vous dire : « Tu es la meilleure des mamans ! » Quelle fierté d'entendre un professeur vous dire que, dans la matière qu'il enseigne, votre enfant a particulièrement bien travaillé, quelle récompense quand votre ami vous dit tout spontanément : « Oh, qu'ils sont aimables », « Oh, qu'ils sont bien élevés. » De ce petit enfant sans défense, totalement dépendant de vous pour chacun de ses besoins, vous avez fait une jeune fille ou un jeune homme qui s'intéresse à votre activité ou à votre métier, qui se bat pour obtenir un diplôme ou un stage, qui se montre responsable de l'argent que vous lui confiez pour son premier voyage avec ses amis. Quel parent n'a pas ressenti à un moment ou à un autre que le plus grand réconfort de sa vie était ses enfants ? Quel parent ne s'est pas dit un jour intérieurement que si la vie avait un sens c'était celui d'avoir élevé le mieux possible ses enfants ? Quel parent, devenant un jour grand-parent, ne ressent le bonheur de cette nouvelle qui lui apporte le signe de la continuité de l'existence et redonne un sentiment de jeunesse et un goût pour la vie. Ainsi, tous les tracas, tous les moments difficiles, toutes les épreuves dont nous avons vu différentes formes dans le chapitre précédent s'estompent et même s'effacent, au moins momentanément.

## Au-delà des apparences : un attachement intimement partagé

Quand un enfant vous sourit, vient vous embrasser, vous fait des câlins, demande votre aide et vous écoute, vous ne doutez pas qu'il vous aime. Mais quand il s'oppose à vous, vous provoque, vous agresse et parfois même dépasse les bornes en vous insultant plus ou moins directement, la confiance que vous avez en vous de son amour à votre égard est sérieusement ébréchée. Et bien détrompez-vous, même s'il vous dit qu'il vous hait, comme on peut l'entendre de certains adolescents dans des moments de crise, il vous aime. J'en ai acquis la conviction à partir de mes propres sentiments à l'égard de mes parents pour lesquels, j'ai eu, comme je pense tout un chacun, des mouvements de colère, de reproche et de critique justifiés ou non, mais que j'ai au fond toujours aimés, surtout dans des moments où ils pouvaient en avoir besoin. Mon expérience professionnelle a conforté cette conviction. Tous ces enfants ou ces adolescents que j'ai reçus dans des périodes de rébellion, dont les comportements agressifs et hostiles désespéraient leurs parents, qui, au thérapeute que j'étais, se livrant alors totalement, arrivaient systématiquement, à un moment ou un autre, à dire qu'ils se sentaient coupables de leur attitude et qu'au fond, au-delà des apparences bien contradictoires, ils aimaient leurs parents.

J'ai également pu constater professionnellement que, dans le cas de conflits aigus, entre un parent et un enfant, lorsque ce dernier écoutait de manière hostile ou apparemment indifférente les reproches de son père ou de sa mère, son attitude changeait progressivement et parfois même totalement quand il voyait ce parent s'effondrer en larmes ou parler de sa propre enfance qui n'avait pas toujours été facile, ce qui l'amenait à reconnaître, en son fils ou en sa fille, des attitudes qu'il avait lui-même eues par le passé. Il est bon pour un parent de ne pas avoir la mémoire trop courte et de ne pas se transformer en amnésique quand, agacé, il juge sans recul. Il est bon parfois pour un parent de prendre le temps de se mettre à plat ventre sur la moquette, les pieds croisés en l'air et de jouer au petit train avec Alexis ou à la maison de poupées avec Manon, même si intellectuellement vous refusez cette « régression ». Il est bon de ne pas oublier qu'enfant vous préfériez les frites aux épinards, que vous n'aviez pas toujours un goût forcené pour l'école, que vous attendiez le dimanche soir pour faire vos devoirs, que vous n'aimiez pas ranger votre chambre, que vous préfériez pouvoir vous habiller comme vous le souhaitiez, que vous vous ennuyiez comme un rat mort quand vous ne saviez pas quoi faire, que vous refusiez d'aller chez vos cousins trop jeunes, ou que vous aviez été très jaloux de l'arrivée du petit dernier. Il n'est pas question de retomber en enfance pour autant, mais qui contesterait que les enfants nous permettent de vieillir moins vite ?

J'ai acquis enfin cette conviction qu'un enfant, au-delà des apparences d'opposition parfois fortes, ressent toujours au fond de lui de l'amour pour ses parents quand j'ai compris que c'était une erreur professionnelle d'aller dans le même sens que les critiques de cet enfant à l'égard de ses parents. Les enfants peuvent dire du mal de leurs parents mais, au fond d'eux, ils détestent que d'autres adultes s'autorisent à en faire autant. Tout ceci s'explique sans doute par le fait que l'enfant sait inconsciemment qu'il est la « chair » de ses parents et que ces derniers seront toujours là en cas de difficultés contredisant ainsi, dans la très grande majorité des cas, des propos tels que : « Je n'ai plus besoin de toi. » À tout cela, s'ajoute un aspect psychologique qu'il est facile de comprendre. Un enfant se développe en imitant mais plus encore en s'appropriant inconsciemment des attitudes, des pensées, des sentiments qu'il observe chez ses parents, les bons et les moins bons. En psychologie, on parle d'un processus d'identification. Notre personnalité se construit grâce à ce processus d'identification aux autres. Il s'agit d'un processus psychologique humain qui, dès la naissance et durant toute la vie, amène à s'approprier une qualité (ou un défaut) qui vous attire chez l'autre, en particulier lorsqu'on se cherche. On désire devenir comme celui que l'on aime, que l'on admire, que l'on voit vivre, parler, agir en s'appropriant l'une de ses particularités qui nous attirent. Le bébé attend bien évidemment la nourriture que lui procurent ses parents, mais cette nourriture s'accompagne de sentiments agréables venant de ces mêmes parents. De l'ingestion de nourriture qui permet d'obtenir ce que l'autre détient et qui nourrit, le bébé passe, au plan psychique à l'identification, en reconnaissant ce même adulte comme différent de lui et attirant. L'enfant ne s'identifie pas uniquement à ses parents mais essentiellement à eux. L'adolescent diversifiera ses identifications en se tournant fortement vers ses pairs. Elles constitueront pour lui des ressources internes qui l'aideront à construire sa propre identité, à s'appuyer sur des repères stables, fondements de la route du soi. Ces ressources protectrices sont nécessaires pour faire face aux angoisses, au désordre, au chaos ou à la confusion que l'enfant peut parfois ressentir. En s'identifiant, l'enfant cherche à devenir plus fort. Dans le *Livre de la jungle*, Mowgli, le petit héros de Kipling, lorsqu'il rencontre un animal dangereux, s'écrie : « Nous sommes du même sang, toi et moi ! » L'enfant, en s'identifiant à son père et à sa mère dont il peut avoir peur mais dont il admire la force, ne le dit pas aussi explicitement mais le pense inconsciemment. On comprend ainsi beaucoup mieux combien l'échange humain et affectif, les liens d'amour entre parents et enfant peuvent être profonds. On comprend aussi qu'il n'est pas honteux de valoriser dans cet échange le côté affectif gagnant-gagnant, cela relève aussi de la logique et du bon sens. Pour illustrer cette dynamique, je vous propose une manière particulière de comprendre la fonction et l'importance réciproque pour l'enfant et pour le parent du doudou.

## Un doudou pour l'enfant et... pour les parents ?

Afin qu'il se sente réconforté et heureux dans des moments d'inquiétude, nous sommes très attentifs à donner et surtout à ne pas perdre le doudou de notre enfant. Notre attention n'est pas sans attente d'un retour. En effet, ce doudou se substitue efficacement à notre présence et nous permet de vivre notre propre vie. Mais nous attendons aussi en retour, plus ou moins consciemment, de la part de ce chérubin, quels que soient son âge et ses caprices, le réconfort et la joie dont nous avons besoin dans des moments plus difficiles de notre vie conjugale, professionnelle ou sociale. Notre enfant aurait ainsi une fonction involontaire de doudou à notre égard. Les enfants ne sont pas les seuls à avoir besoin d'un doudou, les parents aussi. En faveur de ce point de vue, on peut citer l'enquête d'une chaîne hôtelière internationale indiquant, ce qui peut être surprenant, que 75 000 doudous seraient oubliés chaque année dans leurs établissements et qu'un quart des adultes voyagent avec leur peluche. Adultes, serions-nous en quête d'un doudou bienfaisant toute notre existence ? Il changera avec les différents épisodes de notre existence, mais amoureux impatients, adultes insatisfaits, parents inquiets, reconnaissons que la présence d'un doudou apaisant est sans commune mesure plus efficiente que n'importe quel autre remède. Aujourd'hui, spontanément, les parents de jeunes enfants et de plus grands sont attentifs à prendre soin et à ne surtout pas perdre ce fameux doudou si indispensable pour rassurer quand l'enfant s'angoisse. Le petit de 1 an et demi, 2 ans, criera « doudou,

doudou » quand il se sentira en insécurité. L'enfant un peu plus âgé le réclamera pour aller se coucher ; l'enfant encore plus âgé le conservera dans son lit sans rien dire. Dans la chambre des adolescents, la fréquence d'ours en peluche ou équivalents n'est plus à démontrer. Mais le plus drôle est que ces mêmes parents ont aussi besoin d'un doudou ou du moins de ce qui peut en avoir la même fonction. Le paradoxe est que ce sont souvent les enfants qui leur servent de doudou. « Viens faire un câlin dans mes bras », demande à son enfant cette mère ou ce père dans un moment de mal-être. Objet transitionnel, le doudou représente bien cette fonction mais dans les deux sens : des parents pour l'enfant, par l'objet qu'ils lui attribuent pour cette fonction, et de l'enfant pour ses parents, par ce qu'il représente de réconfort et d'apaisant pour eux.

## Quand l'enfant admire ses parents

Dès qu'il est en âge de se représenter ce qui caractérise ses parents, et ceci beaucoup plus tôt qu'on le pensait auparavant, l'enfant peut rapidement comparer les adultes entre eux et même porter des jugements de valeur à leur égard. Quand il commence à bien parler, on l'entendra alors dire au grand bonheur, apparemment contrôlé, de sa maman ou de son papa : « Ma maman c'est la plus gentille », « Mon papa c'est le plus fort », puis rapidement lorsque la compétition humaine pointe le bout de son nez : « Ma maman, elle est plus belle que la tienne », « Mon papa, il est plus fort que le tien. »

> Cette maman a raconté cette anecdote à des amis avec beaucoup de bonheur et de gaieté. Son petit garçon de 3 ans à qui son mari et elle-même demandaient, après avoir interrogé, non sans humour, sur le même thème, son frère aîné : « Et toi, qui est ton amoureuse ? », répondit sans hésiter : « C'est ma maman. »

Tout au long de l'enfance, l'enfant idéalise ses parents. Il leur attribue des qualités, un pouvoir, des capacités qui lui permettent d'être rassuré et favorisent l'obéissance et le respect qu'il a à leur égard. Ce mouvement qui caractérise le développement humain n'a pas à être ni refusé ni renforcé. Dans les câlins si tendres de son enfant, le parent perçoit beaucoup de tendresse mais aussi de l'admiration. Peu à peu, tout en gardant ce sentiment profond d'admiration envers ses parents, l'enfant pourra être plus critique et même ne se privera pas de l'exprimer. Nous avons vu qu'à l'adolescence, surviennent deux processus : un mouvement beaucoup plus exprimé de désidéalisation et la recherche d'idéaux extérieurs au milieu familial qui peuvent, sans même qu'ils soient excessifs ou inappropriés, faire de la peine aux parents. Ce mouvement est néanmoins nécessaire pour permettre à l'adolescent de s'affirmer et de s'autonomiser. Mais, là encore, paradoxe de cette période de la vie, l'adolescent pourra rester toujours fier de présenter ses parents à ses amis, ce qui ne manque pas de faire plaisir à chacun. On sait aussi que des enfants et des adolescents peuvent, pour des raisons justifiées ou non, personnelles ou sociales, ressentir une certaine honte concernant leurs parents. Ils en sont malheureux, ne veulent pas amener leurs amis chez eux, ce qui montre bien, *a contrario*, qu'ils souhaiteraient être fiers de leurs parents.

## Quel parent n'est pas touché par son enfant ?

Quel parent n'est pas touché par les bras tendus vers lui de son petit qui attend d'être rassuré ou, tout simplement, n'est-il pas empressé de ressentir en retour un amour tendre et partagé ? Quel parent n'est pas touché par le courage de son enfant qui part pour la première fois à l'école en retenant ses larmes, qui ne crie pas devant le médecin qui l'examine, le palpe à l'endroit où il dit avoir mal ou qui pose un pansement là où il s'est blessé. Quel parent n'est pas touché par le courage de son enfant face à des situations beaucoup plus graves, la maladie d'un parent, le décès du grand-parent adoré, ou la disparition accidentelle du petit camarade de classe ?

Quel parent n'est pas touché par le chagrin d'amour de son adolescent à qui le ciel semble être tombé sur la tête et qui donne le sentiment que la vie n'est bien qu'une épreuve injuste et sans espoir ?

### Premier chagrin d'amour

Emma se sent envahie d'émotion quand elle voit son fils, Nathan, apparemment toujours très sûr de lui, baisser la tête, d'une humeur sombre, paraissant même par moments franchement triste. Que se passe-t-il ? Ces derniers mois, il semblait vraiment heureux, passait, certes, toutes ses soirées à téléphoner à sa petite amie et semblait devenu motivé à travailler. Brusquement Emma a compris : Nathan ne téléphone plus le soir, s'enferme dans sa chambre ne voulant parler à personne. Sa relation amoureuse se serait-elle mal passée, s'agirait-il d'une rupture ? Comment aborder ce problème avec lui, me demande-t-elle ?

Ayant à l'esprit les trois piliers que je présente dans ce livre, l'amour, le bon sens et la logique que chaque parent possède, je lui réponds.

L'amour, qu'en tant que parent on porte à son enfant, conduit à souhaiter parler de ce qui fait souffrir et le consoler. Il ne faut pas se refuser ce désir, tout en respectant l'intimité de l'autre, y compris celle de son enfant. Emma peut se montrer plus attentive et bienveillante, tout en n'en faisant pas trop. Mais à cet amour, il faut ajouter du bon sens et la logique.

Le bon sens, permettant de savoir ce qu'est un adolescent, doit amener Emma à choisir le bon moment pour évoquer sa relation à sa petite amie : un moment de calme, un moment où on se sent à l'aise et en confiance réciproque.

La logique est de ne pas prendre son adolescent pour un imbécile et ne pas lui dire par exemple : « Une de partie, dix de retrouvées », ce qui est évidemment à proscrire. La logique permet aussi de comprendre que votre fils est blessé narcissiquement. Il vaut alors mieux lui dire : « Je suis triste de te voir malheureux » que « Tu n'étais pas fait pour elle » ou « Elle et toi ça n'aurait jamais marché ».

Toute rupture amoureuse est douloureuse mais, à l'adolescence, cette expérience est inévitable et même salutaire.

On peut concevoir qu'un adolescent montre qu'il est devenu suffisamment fort pour affronter la vie en ayant connu une première relation amoureuse, une première déception douloureuse et que ces deux expériences vitales ne l'empêcheront pas de retomber amoureux. Si je propose ce point de vue, c'est que mon expérience professionnelle m'a montré trois types d'adolescents bloqués dans leur développement : des adolescents qui n'arrivaient pas à tomber amoureux, des adolescents qui n'arrivaient pas à se dégager d'un chagrin d'amour insurmontable ou d'un petit ami ou d'une petite amie totalement idéalisé(e), des adolescents qui n'arrivait pas à retomber amoureux.

## J'en suis fier ?

Nous avons vu précédemment qu'un enfant est fier de ses parents. Soulignons aussi que le bonheur d'un parent repose inversement sur la fierté qu'il ressent en voyant, en écoutant, en parlant de son enfant.

Quel parent n'a pas un jour été fier de son bébé dont on dit qu'il lui ressemble ? Quel parent n'a pas un jour été fier de cet enfant bien droit sur ses jambes à qui vous seriez prêt à dire qu'il est beau comme un Dieu ?

Quel parent n'a pas un jour été fier de son enfant qui parle bien, choisit un mot adéquat à la situation ou mieux encore utilise un mot dont vous n'imaginiez pas qu'il connaisse l'existence ?

Quel parent n'a pas un jour été fier de son adolescent dont il reçoit des compliments pour son caractère agréable, pour ses capacités de travail, pour sa bonne éducation, pour sa disponibilité à rendre service, même si cela vous étonne un peu et vous interroge sur les raisons pour lesquelles vous n'avez pas toujours le même sentiment à la maison ?

On peut comprendre, là aussi, que cette fierté éprouvée valorise l'enfant, à condition qu'elle soit évidemment justifiée et que ce soit une relation d'échange et de réciprocité, une relation parent-enfant gagnant-gagnant. Le parent a besoin de ce retour, de cette fierté, cela le tient, le porte, comme le regard de ses parents sur l'enfant le construit.

## Entre parents

Je terminerai cette première partie par à nouveau l'idée qu'il n'y a pas de parent parfait. Les petits cauchemars que j'ai présentés peuvent arriver à chacun d'entre nous, mais les joies peuvent être partagées par tous, et je recommanderai le principe suivant : ne vous privez pas de parler à d'autres de votre vie de parent, n'ayez pas de culpabilité à échanger avec d'autres parents, à partager vos joies et vos difficultés. Quel parent n'a pas eu envie de partager ses expériences, de prendre des conseils pour mieux faire, de rester ouvert à toute question à laquelle il ne sait pas répondre ou dont il n'a pas la solution. N'ayez pas peur d'aborder toutes les questions, celles qui ont trait à l'école où vous aimeriez mettre votre enfant, à la manière dont vous devez lui parler de la sexualité. C'est le moment où jamais de se dire qu'aucune question n'est idiote, seules certaines réponses peuvent l'être.

Néanmoins, ne faites pas partie de ceux qui ne savent parler que de leur enfant au risque d'agacer fortement leur entourage. L'enfant peut être au cœur de votre vie, comme pour tous les parents que vous rencontrez, mais il ne doit pas être toute votre vie, comme le montrera la deuxième partie de ce livre.

# DEUXIÈME PARTIE

# LES CINQ PRINCIPES
# À REMETTRE EN QUESTION

*Chapitre 8*

# L'AMOUR À N'IMPORTE QUEL PRIX ?

> « C'est ma joie de vivre, je n'ai pas d'autorité »,
> « Je l'aime tellement, je passe tous ses caprices »,
> « Si je dis non, il ne m'aimera plus. »

En matière d'éducation, bien des recommandations distillées ici ou là semblent reposer sur l'idée que les parents manqueraient d'amour pour leur enfant et qu'il leur faudrait combler ce manque par une surcompensation, en se sacrifiant ou en laissant l'enfant libre de tout faire ou de tout dire. Est-ce vraiment préparer ses enfants au monde de demain ? N'oublions pas que ce monde nous est présenté comme difficile, si ce n'est impitoyable.

Mon expérience quotidienne, fondée sur mes rencontres avec les parents d'enfants et d'adolescents de tous âges, me montre l'abondance des conseils disponibles et la perte contemporaine des principes éducatifs de base.

Aujourd'hui, devenir parent nécessite que vous n'obéissiez plus aux idées reçues selon lesquelles l'épanouissement de l'enfant ne peut se concevoir que dans le sacrifice et la soumission totale à son désir. Comme si aimer son enfant exigeait de lui donner tout ce qu'il désire et de se sacrifier totalement pour lui, sans un espoir de retour. Où est passé le besoin de réciprocité, terreau de tout amour ? Il faut remettre à leur place ces idées reçues qui ont trop souvent brouillé l'amour « imposé » des parents à leur logique et à leur bon sens.

## Résister à l'amour sans condition

L'enfant a besoin d'amour. C'est un fait. La majorité des parents souhaitent aujourd'hui que la relation avec leur enfant soit une relation d'amour, et ce dès les premiers jours. Comme deux amoureux, ils vont se chercher, se désirer mais aussi se fâcher, se heurter, se rater. Ocytocine ou pas, les mamans aiment leur bébé, les papas aussi. Le problème est que l'enfant grandit, il manifeste parfois violemment ses propres désirs, il prend conscience de sa place et de son pouvoir sur ses parents et plus encore lorsqu'il devient adolescent. Vouloir l'amour constamment et à tout prix est source de malentendus.

Ni l'amour ni l'ordre à tout prix ne sont des preuves d'amour. Le premier comme le second sont les signes d'une difficulté à reconnaître l'autre dans sa différence, dans sa dissymétrie, dans ce qu'il a d'unique et de singulier.

Aimer son enfant c'est l'aider à grandir et à s'épanouir. Comment ? Je vous propose trois repères importants.

## *Savoir anticiper*

Il appartient d'abord au parent d'être un adulte, c'est-à-dire d'être celui qui anticipe et dégage peu à peu l'enfant de l'infantile. Encore faut-il que le parent ne soit pas lui-même resté trop fixé sur ce mode infantile et dans cette immaturité caractéristique des premiers pas du sujet humain. Qu'est-ce que l'infantile ? C'est rester englué dans l'immédiateté, prendre ses désirs pour des réalités ; c'est confondre ce qu'on sait et ce qu'on croit, considérer l'autre comme un objet de son esprit sans se rendre compte ou accepter qu'il a ses propres désirs, ses propres sentiments, ses propres pensées et ses propres droits. L'infantile appréhende le pouvoir dans l'excès, uniquement sur le mode de la révolte ou de la sacralisation. De la petite enfance à l'adolescence, et même plus tard, ce mode infantile reste au fond de chacun d'entre nous toujours présent, menaçant les rapports humains et la véritable estime de soi. Cette dernière ne se construira que si l'enfant se sent capable d'affronter les tâches qui lui sont demandées. Aimer son enfant, c'est savoir, peu à peu et en rapport avec son âge, lui signaler les difficultés et les dangers, savoir anticiper, lui refuser les dérives, reposer le cadre et surtout l'empêcher de régresser en dehors de moments de totale détente. Le monde d'aujourd'hui qui valorise l'immédiateté, le repli sur soi et l'illusion que tout est accessible n'aide pas les parents à cette tâche pourtant essentielle pour le bien-être futur de l'enfant.

## *Accepter la séparation*

Aimer son enfant c'est aussi savoir s'en séparer. Tout bébé qu'il est, l'enfant a besoin de se retrouver seul, même s'il manifeste très précocement une angoisse de séparation. Il exprime cette insatisfaction de façon de plus en plus explicite : par des cris, par des pleurs puis, plus grand, par des mots. Plus il grandit, plus l'enfant peut se passer momentanément, mais de plus en plus longtemps, de ses parents. Un peu plus tard arrivera la question d'un premier séjour loin des parents. Pour une première fois, mieux vaut privilégier la famille et notamment les grands-parents. Un départ chez un oncle ou une tante ou même en colonie de vacances peut être envisagé dès l'âge de 4 ans. Entre inquiétude et joie, la première séparation reste néanmoins souvent délicate. Pourtant, passer quelques jours sans ses parents fait grandir l'enfant et favorise son autonomie. Il peut plus facilement accepter de s'habiller sans s'opposer, de se laver les dents et même seul, et parfois de manger des aliments qu'il refusait chez lui. L'amour pour l'enfant doit amener les parents à lui parler de ce qui va se passer pour lui : le soir avant de s'endormir, avant de partir le matin, avant une séparation plus prolongée. Dans cet échange, il faut chercher ses craintes pour le rassurer. Au moment de l'adolescence, la séparation temporaire peut être salutaire. Parfois même, une réelle coupure de plusieurs semaines peut améliorer les relations avec les parents.

## *Comprendre son enfant*

Aimer un enfant c'est savoir ce qu'il souhaite profondément. Ce n'est pas toujours facile. Même si Victor Hugo écrivait à propos d'un événement : « Personne ne garde un secret comme un enfant[1] », il avait compris, contrairement à ce qui est parfois cru, l'immense capacité d'un enfant à conserver au plus profond de lui ses sentiments intimes. Un enfant souffre profondément et souvent en silence de ne pas être aimé pour ce qu'il est : un enfant n'est ni une peluche que l'on peut prendre et caresser à souhait ni déjà un adulte qui peut se débrouiller seul face aux difficultés de l'existence. Un enfant souffre encore plus qu'on ne le croit de ne pas savoir se faire aimer comme il le souhaiterait. Encore faut-il comprendre ce que souhaite un enfant. Incontestablement, tout enfant désire que ses parents l'aiment mais il souhaite aussi qu'ils soient fiers de lui. Aimer son enfant c'est savoir lui dire spontanément qu'on l'aime, qu'il est beau, qu'il est gentil, mais aussi savoir lui dire qu'on le félicite d'avoir mangé les légumes qu'il avait refusés sans les avoir goûtés, d'être parti se coucher sans faire de colère, d'avoir accepté de faire ses devoirs alors qu'il voulait regarder un dessin animé ou une série télévisée, d'avoir été courageux quand on a dû le soigner d'une petite blessure qu'il s'était faite. On pourrait multiplier à l'infini les petits moments de la vie quotidienne où l'on peut, avec amour et bon sens, féliciter son enfant. Pourquoi s'en priver ? Par contre, est-ce l'aimer que de lui dire que tout ce qu'il est ou tout ce qu'il fait est merveilleux ? Sûrement pas. Rapidement, dans son développement, l'enfant n'est pas dupe. Il sait que ce qu'il dit et ce qu'il fait est appréciable ou non, est généreux ou non, est acceptable ou non, satisfait ou contrarie ses parents, est bien ou est mal. Quand on le réprimande à juste titre et qu'il pleure, c'est tout autant parce qu'on l'a grondé qu'en raison de la honte qu'il éprouve d'avoir fait une bêtise. Gardons à l'esprit ce sage précepte pour l'amour que nous portons à nos enfants et qu'ils ressentent : le sentiment de se savoir aimé doit être de temps en temps remis en question mais, une fois installé, il ne peut plus se perdre complètement. L'enfant doit sentir de temps en temps que tout n'est pas acquis, que l'amour des parents n'est pas totalement inconditionnel, qu'il doit le mériter ; cela ne fera qu'en renforcer la force et la conviction lorsqu'il se sentira profondément aimé.

## Valoriser son enfant sans le survaloriser

Le fait de valoriser son enfant est le plus souvent le fruit de l'amour qu'on lui porte, « c'est lui donner confiance en lui, l'aider à construire un sentiment de sécurité intérieure[2] ». Mais le survaloriser n'est pas une attitude logique, car c'est lui faire croire à tort que les choses sont faciles ou bien même que tout tourne autour de lui, qu'il n'a que des qualités et pas de défauts. Cette attitude peut même l'amener à penser que tout lui est dû. « Les enfants qu'on a encensés finissent par se cogner au réel. Ensuite, les désillusions, se font douloureuses », témoigne Nathalie, institutrice[3].

Dire avec amusement à son enfant de 4 ans qu'il a fait le plus beau dessin de la terre ou à celui de 6 ans qu'il est le plus intelligent du monde parce qu'il s'est rappelé d'une phrase sur une statue du Louvre que la famille avait visité trois mois auparavant n'a rien de critiquable, bien au contraire, cela construit son estime de soi. On sait très bien qu'il ne sera pas forcément le futur Picasso ou membre de l'Académie française. Par contre, lui répéter sans arrêt qu'il est le plus doué, le plus intelligent ou le plus beau ou les trois, quel que soit le gribouillis qu'il a fait, le souvenir spontané qui lui revient ou ses oreilles décollées qui le complexent, ne lui rend pas le service que certains pourraient penser. Plus encore le survaloriser devant les autres, ses frères et sœurs, ses amis ou les adultes, peut susciter de la jalousie ou de la moquerie à son égard.

*L'amour parental* fait qu'il est normal et même nécessaire d'encourager ses enfants, de les aider à développer une bonne estime d'eux-mêmes, de stimuler leur talent et de remarquer ouvertement ce qu'ils réussissent. Il est donc bon de valoriser son enfant. Et surtout de ne pas le dévaloriser. Une jeune femme me disait « pour ma mère ce que je faisais n'était jamais suffisamment bien... La veille de mes examens, elle allait à l'église, me disant qu'elle avait trop peur que je ne sois pas capable de réussir ». Devenue adulte, cette jeune femme souffrait d'un manque de confiance en elle dont il n'était pas difficile de comprendre l'origine. Elle en voulait beaucoup à sa mère tout en reconnaissant que celle-ci l'avait constamment rabaissée en raison de sa propre anxiété maternelle.

*La logique* est de valoriser ses enfants lorsque l'occasion s'y prête mais aussi de savoir les reprendre et même les critiquer. L'enfant n'est pas un imbécile qui prend pour argent comptant tout ce qu'on lui dit. Au fond de lui, il aime être apprécié à sa juste valeur : savoir valoriser son enfant n'est pas contradictoire avec la formulation de critiques. L'enfant a besoin d'entendre des compliments sur ce qu'il fait de bien, pour pouvoir le refaire, et d'entendre des critiques ou des reproches sur les erreurs qu'il a commises afin de s'améliorer et changer d'attitude.

La logique, c'est aussi de valoriser ses enfants sans faire de la réussite un enjeu majeur. Une maman s'extasie devant son fils de 2 ans, David, qui a placé la bonne carte sur le jeu de loto qu'il vient de recevoir. « Il comprend tout de suite tout », ajoute-t-elle. Son grand-père, plus nuancé, dit : « David, c'est très bien, tu peux y arriver, mais ne t'inquiète pas tu peux aussi ne pas y arriver. Le but du jeu est de mettre le plus possible de cartes à la bonne place, mais on peut ne pas le faire du premier coup. » Compte tenu des exigences de réussite et de performance du monde contemporain, c'est valorisant de se dire qu'on a mis au monde et aidé un génie à éclore en lui permettant de réaliser, le plus précocement possible, 100 % de son potentiel. Mais il est déraisonnable de glorifier ses enfants plus qu'ils ne le méritent, leur faisant croire qu'ils sont dans un âge d'or qu'il faudrait ne jamais quitter. En effet, cette survalorisation parentale sera vite remise en cause par les autres enfants ou les autres adultes qu'ils rencontreront et par leur propre prise de conscience de leurs difficultés ou de leurs échecs. Pour ne pas tomber de leur piédestal, ainsi intériorisé dans le cadre familial, ces enfants devenus grands fuiront le monde réel. Ils seront intérieurement l'objet d'une bascule permanente entre la quête d'excellence et la dévalorisation d'eux-mêmes en cas d'échec, alors qu'il s'agira de situations courantes jugées par d'autres uniquement comme des épreuves que l'on peut un jour réussir et un autre jour échouer. Savoir ranger parfaitement les outils du jardin ou ceux de l'atelier de papa n'est pas une tâche toujours facile. La réussir c'est bien, ne pas y arriver n'est pas un drame. Il est donc constructif de savoir que, même avec des dons, seuls le travail, la persévérance et la ténacité sont les ingrédients indispensables à la réussite qui sera valorisée avec sincérité et justesse par les parents.

J'ai rencontré de nombreux adolescents qui, pour les uns au moment de leur scolarité de cinquième, pour les autres au moment de la seconde, perdaient sérieusement pied. Leurs parents étaient étonnés de voir leur enfant jusque-là suffisamment bon élève ou au moins passant sans trop de problème d'une classe à l'autre, assez brusquement être en échec. Il s'agit généralement de garçons ou de filles intelligents qui jusque-là n'avaient pas eu beaucoup à travailler pour apprendre. Il pouvait aussi s'agir d'enfants que leurs parents avaient beaucoup soutenus sans les mettre en face de la réalité du travail personnel. À partir d'un certain moment, ni l'intelligence ni le soutien parental ne suffisent plus. Valoriser son enfant pour ce qu'il fait est une preuve d'amour, le laisser croire qu'il est le meilleur en le survalorisant explicitement ou implicitement risque fort de mener à de sérieuses déconvenues.

Pour le petit enfant comme pour le grand adolescent, la pratique d'un sport, de la danse ou d'un instrument de musique est un formidable enseignement de la vie. Aucun coup de pied dans un ballon, aucune tenue de raquette, aucun pas de danse, aucun son émis par un piano, une trompette ou un violon ne permettent d'emblée de se sentir valorisé. Les parents pourront valoriser leur enfant en leur montrant avec un sourire qu'ils sont courageux et que leurs progrès les étonnent sans en rajouter. L'enfant n'est pas aveugle ou sourd. De même, ces activités apprennent qu'un jour on peut être content de ses efforts, un autre montrer qu'on peut encore progresser. Rien n'est définitif, ni les échecs ni les exploits. Quelle belle leçon de vie.

*Le bon sens* est d'être heureux que son enfant soit un enfant normal, ni un génie ni un idiot, dont les qualités se développeront au fil du temps, qui vous fait plaisir quand il réussit ce qu'il fait mais qui ne vous déçoit pas quand il échoue momentanément dans une tâche.

Associer amour, logique et bon sens, c'est faire en sorte que vos enfants seront dans le futur, des adultes suffisamment confiants en eux, optimistes et ouverts sur la vie. Pour cela, il est souhaitable de les valoriser et de les encourager à s'améliorer au cours de l'enfance mais pas de les survaloriser. La confiance en soi se construit tout au long de l'existence.

## Non aux petits tyrans

Comment se comporte un petit tyran ? La réponse est simple : comme les grands tyrans de l'histoire ! La volonté de soumettre les autres à son désir, ici les parents, l'impunité (de la part de ces mêmes parents) ; tout objet (jouets, papiers, crayons des frères ou sœurs, des parents) est considéré comme son bien à propos duquel il n'a de comptes à rendre à personne. Platon avait déjà souligné que les tyrans confondent leurs désirs et le droit, leurs plaisirs et le bien commun. Il en est de même de l'enfant petit tyran. On peut profondément aimer ses enfants, mais ni la logique ni le bon sens ne doivent faire accepter cette déraison et cette démesure qu'un enfant peut développer de façon quasi constante. Sinon, peu à peu, ce petit tyran ne connaîtra plus de limites, ni autorité parentale, ni normes morales, ni respect de l'autre.

Pour les parents et l'ensemble de la famille, la vie devient un enfer. Montesquieu l'avait déjà très bien dit dans *De l'esprit des lois,* en 1748, à propos des grands tyrans de l'histoire : « Un seul, sans loi et sans règle, entraîne tout par sa volonté et par ses caprices. »

Les parents doivent se protéger de cette jouissance d'être asservis par leur enfant, ce qui malheureusement peut inconsciemment se présenter. N'oublions pas que ce fou de Hitler, même si son père était un alcoolique brutal, avait eu une mère exagérément maternante et que, dès l'école, il refusait systématiquement de faire ses devoirs[4]. Quel parent aurait envie de créer un petit Néron, un petit Hitler ou un petit Pol Pot ? N'attendez pas d'être à bout de nerfs et de regarder vos enfants comme de petits tortionnaires en face desquels vous ne pouvez plus rien. L'épuisement n'est pas loin.

## Résister au chantage, le sien et... le vôtre

Il est évident que devenir un « mendiant » de l'amour, que ce soit de la part de l'enfant à l'égard de son père ou de sa mère ou de la part du parent à l'égard d'un enfant n'est bénéfique pour personne. Celui qui mendie ce besoin extrême d'affection souffre de se sentir dépendant de l'autre. Il est, au fond de lui, blessé dans son amour-propre. Celui vers qui cette demande est tournée se sent mal à l'aise ne sachant pas s'il saura suffisamment répondre à cette demande immense, si elle sera source de satisfaction sans se transformer en un puits sans fond.

## Deux cas douloureux : un enfant malade, un enfant maltraité

Notre humanité nous amène à ressentir un amour sans limite dans deux cas particuliers : lorsqu'il s'agit d'un enfant malade ou d'un enfant maltraité.

Un enfant qui souffre nous touche profondément car nous savons que l'apaisement de sa souffrance dépend de nous. Nous nous culpabilisons facilement de n'avoir pas su prendre soin de notre enfant ou de ne pas savoir apaiser suffisamment vite cette souffrance que nous partageons consciemment ou inconsciemment. En tant que parent, nous sommes parfois plus touchés que l'enfant lui-même. D'ailleurs, il est étonnant de voir combien les enfants souffrant de maladie chronique grave peuvent parfois être plus courageux que les adultes.

Le cas d'un enfant maltraité est différent mais amène tout autant à susciter de la compassion. Pour ne pas tout confondre, nous devons définir ce qu'est la maltraitance. Le terme de maltraitance, comme la loi de 2007 la définit, désigne une situation où un enfant est soit en danger immédiat, victime de sévices ou d'agressions, soit risque de l'être. Cette loi, dans le premier cas de figure, exige un « signalement » par les professionnels de la santé ou de l'action sociale aux autorités judiciaires, dans le second cas, une information à la cellule de recueil, d'évaluation et de traitement des informations préoccupantes (CRIP) du département. Tout est-il résolu pour autant ? Non, bien sûr. Un enfant maltraité touche profondément tous ceux qui s'en occupent, les intervenants sociaux et éducatifs mais aussi tout un chacun.

Face à ces deux situations douloureuses, l'empathie pour l'enfant l'emporte sur toute attitude rationnelle. Si je recommande dans ce livre d'associer le plus possible l'amour, le bon sens et la logique, il faut aussi parfois laisser la logique et même le bon sens au second rang derrière l'amour et l'empathie.

*Chapitre 9*

# LE LAISSER TOTALEMENT S'EXPRIMER ?

« Laisse-le s'exprimer », « Il faut répondre à toutes ses questions »,
« Mes parents ne me laissaient pas parler, je veux tout l'inverse pour mon enfant ».

Depuis plus d'un siècle, on a entendu beaucoup d'éducateurs, probablement adeptes de Charles Fourier, affirmer qu'il ne fallait jamais brimer les désirs de l'enfant. L'utopiste du début du XIXe siècle a fait de nombreux adeptes cent cinquante ans plus tard. N'y aurait-il donc vraiment pour l'enfant et l'adolescent « aucune passion inutile ni mauvaise », comme le défendait Charles Fourier ? Ce qu'on oublie souvent, c'est que ce même utopiste proposait que les enfants deviennent socialement utiles et qu'à partir de leurs pulsions les plus élémentaires, comme par exemple le goût de la saleté, on les affecte « aux fonctions immondes, curage des égouts, service des fumiers, triperie… Au retour chaque horde reçoit une couronne de chêne qu'on attache à son drapeau » ! Comme le rappelle Roger-Pol Droit : « Ces enfants si utiles, et si heureux de l'être, peuvent faire froid dans le dos. L'utopie et ses calculs émancipateurs ont aussi leur envers[1]. » Nous voyons ici combien trop d'amour peut tuer l'amour et trop de logique détruire la logique. Il y a bientôt cinquante ans, une génération de grands adolescents dont j'ai fait partie a voulu pendant quelques semaines changer le monde. Appliqué à l'éducation, le slogan : « Il est interdit d'interdire » s'est traduit par : « On peut tout montrer à l'enfant, on peut tout lui dire, l'enfant peut tout entendre et tout exprimer. » Un élan, une explosion de communication entre les êtres comme aucune génération précédente n'en avait connu a nourri cette véritable révolte éducative. Après 1968, chacun s'est senti plus libre, mieux informé, acquérant des connaissances dans l'existence beaucoup plus tôt qu'auparavant, en un mot le petit homme est devenu plus intelligent, l'enfant s'est développé et a grandi affectivement et intellectuellement plus vite qu'autrefois. Les spécialistes de la petite enfance ont découvert que le bébé n'était pas indifférent au monde ; totalement dépendant de sa mère, il était déjà « une personne » regardant, écoutant, cherchant à séduire son entourage, manifestant non seulement des besoins mais aussi des désirs. Nous savons aujourd'hui que, dès ses premiers mois, l'enfant philosophe. En quête de connaissance du monde, il plagie Platon ; en quête de rencontre avec autrui, il s'interroge comme Levinas. Comment alors respecter cette personne tout en sachant que c'est quand même un bébé ? Comment en effet ne pas avoir peur de se tromper en interdisant à l'enfant d'exprimer ce qu'il a à dire même s'il coupe la parole aux autres ou si ce qu'il dit n'a aucun rapport avec ce qui est en train de se passer ? Pour les parents, parfois, il y a vraiment de quoi s'interroger et plus encore de douter ! Cette scène du restaurant que je vous ai racontée, où ce magnifique bébé perturbe tout le monde par ses cris stridents, ou celle du départ d'Aurélien chez ses grands-parents qui réclame à tout prix le jouet qu'il a vu dans la vitrine du magasin de la gare, montre la formidable capacité de l'enfant d'exprimer ce dont il a besoin ou ce qu'il désire et la vraie difficulté des parents qui peuvent se sentir coupables d'intervenir, de ne pas répondre aux demandes, d'être pressés ou épuisés. Il n'est pas toujours facile pour chaque parent de retrouver les bases mêmes de l'amour pour son enfant, du bon sens et de la logique. Laisser l'enfant s'exprimer pour découvrir le monde et rencontrer autrui, oui assurément, mais sûrement pas pour satisfaire ses désirs au détriment de ceux qui l'entourent. Seuls des repères simples doivent être constamment présents à l'esprit :

- Il y a deux formes d'expression, celle qui soulage ou qui intéresse et l'expression vulgaire ou violente qui ne doit pas être encouragée.
- Donner la parole aux enfants, oui, leur laisser vous couper la parole, non.
- S'affirmer, oui, être le centre d'attraction, non.
- Il faut savoir écouter l'enfant mais ne pas forcément croire systématiquement ce qu'il dit[2]. L'enfant n'est pas pour autant un menteur, simplement il imagine où fantasme plus facilement qu'un adulte.

Les parents sachant associer amour, bon sens et logique doivent savoir se taire et ne pas tout expliquer ou discuter sans fin. Ils doivent garder ce temps d'échange prolongé pour les moments où tout va bien, pour les moments de détente et de joie. Ils doivent aussi se révolter contre certains discours médiatiques, cinématographiques ou culturels vantant à tout prix l'expression spontanée et la capacité de vivre ses émotions jusqu'à son paroxysme. La violence médiatisée de certains acteurs ou actrices, de certains chanteurs ou chanteuses est bien loin d'être un exemple éducatif pour un enfant dont la tendance à l'expression d'une colère spontanée et à l'impulsivité le gênera dans sa vie sociale actuelle et future. On peut comprendre que ces hommes et ces femmes, qui se réalisent si bien dans leur métier en valorisant une tendance naturelle qu'ils n'ont pas su contrôler autrement, y trouvent un moyen utile pour eux de le faire, mais on comprend beaucoup moins bien qu'on les médiatise sous ce jour-là.

Un enfant a incontestablement besoin de s'exprimer, mais pas n'importe comment, sur n'importe quoi, ou à tout bout de champ.

## Il doit tout connaître, tout savoir ?

> « Il ne faut rien lui cacher », « Plus il connaîtra de chose, plus il sera éveillé, plus il sera intelligent », « Il peut tout regarder ».

Je pense là aussi que cet autre versant du mythe de la communication ou de l'échange sans limites est allé trop loin

Je dis oui à l'éveil de sa curiosité, à sa fantaisie et à sa créativité, non au n'importe quoi. Oui à l'Internet pour les enfants et les adolescents, mais oui au contrôle parental qui permet non seulement de limiter l'accès à certains sites mais aussi de préciser le temps d'utilisation autorisé à l'enfant par jour de l'ordinateur familial ou du sien propre, celui-ci s'éteignant automatiquement à la fin du temps autorisé. Spontanément l'enfant, dès son plus jeune âge, est curieux. Bébés, les enfants ont une curiosité infinie à l'égard des personnes qui les entourent, très vite elle s'étend au monde qu'ils découvrent. Très tôt, l'enfant commence à regarder, à toucher puis montre qu'il désire tout voir et toucher à tout. Il joue d'abord seul sans se préoccuper des autres puis, peu à peu, recherche à partager ses fantaisies avec celles de ses petits copains de jeu. Ses premières productions sont des gribouillis qui touchent l'amour des parents en les émerveillant. La créativité chez l'enfant commencera par son désir de dessiner. S'il faut laisser l'enfant dessiner spontanément, les parents faisant preuve d'amour et de logique éducative peuvent aussi accompagner leur enfant à la fois de manière ludique, en favorisant sa créativité et en développant sa capacité d'observation et d'écoute sans considérer que leur enfant doit déjà se montrer un être rationnel, pensant et parlant. Pour l'enfant, vivre signifie avant toute chose regarder, goûter, toucher ou sentir le monde. Avec l'aide d'un parent, à partir de 3 ans, il peut être invité à faire un coloriage en remplissant une surface délimitée. Sans en avoir l'air, cela permet à la fois à l'enfant de s'amuser et de comprendre qu'on peut en même temps s'amuser et respecter des limites. Aujourd'hui, les éditeurs proposent d'excellents cahiers de dessins pour les jeunes enfants permettant d'accompagner les petits dans leurs premiers apprentissages. Plus tard, de nombreuses activités sont également proposées aux plus grands répondant au besoin d'allier l'utile à l'agréable, à leur soif de découverte. Et une première approche des sciences, comme le témoigne le succès ininterrompu de la Cité des sciences à Paris, du Futuroscope à Poitiers ou du festival de Fleurance, petite ville du Gers, et sa ferme aux étoiles parrainée par Hubert Reeves où, en été, les enfants et les plus grands peuvent découvrir le ciel grâce à des ateliers et des conférences.

Je dis oui aux images adaptées à l'âge, non aux médias qui proposent des contenus idiots, vulgaires et violents.

Il vous arrive de vous dire pour vous-même que cette revue, cette image ou son commentaire, ce jeu ou cette émission de télévision, ce site Internet sont sans intérêt, vulgaires ou vraiment bêtes. Il vous arrive de les regarder quand même, d'y prendre parfois du plaisir mais pour vous en lasser ensuite rapidement. Il vous arrive aussi d'être plus exigeant sur ce sujet envers vos enfants qu'envers vous-même. Personne n'est parfait. Vous savez néanmoins que l'enfant peut être tenté ou ne pas avoir un jugement qui lui permette de choisir activement ce qui est intéressant, ludique ou instructif, mais adapté à son âge. Par amour, bon sens et logique, il est tout à fait normal que vous n'acceptiez pas que votre enfant lise certaines revues, regarde certaines émissions de télévision, certains sites ou participe à certains jeux extrêmement violents dans leur thème, leur déroulement avec aujourd'hui les images qui les sous-tendent.

## Et les questions autour de la sexualité ?

La curiosité sexuelle infantile se manifeste précocement. Elle commence par les regards sur son propre corps et sur le corps de ses frères ou sœurs, cousins ou cousines, voisins ou voisines. L'enfant s'observe, se touche, observe l'autre enfant et peut chercher aussi à toucher ses parties les plus intimes. Le jeu sexuel infantile du « touche-pipi » fait partie du développement normal. Sans en faire toute une histoire, le parent doit néanmoins dire à son enfant que cela ne se fait pas. L'enfant pourra alors se cacher tout en ressentant intérieurement une culpabilité ou une certaine honte. Cela aussi est tout à fait normal. Vivre intérieurement avec une certaine culpabilité est une nécessité du psychisme humain qui intègre ainsi les interdits nécessaires. La bêtise serait d'en avoir peur ou de penser avec naïveté qu'un enfant doit se sentir libre de tout faire. Le parent doit demander à l'enfant de cacher son « intimité » (ses organes génitaux) et ne pas accepter que les autres cherchent à le voir ou y toucher et de lui expliquer pourquoi.

Les enfants se posent et posent aux parents des questions : « Pourquoi mon petit frère a un pipi qui n'est pas comme le mien ou pourquoi ma petite sœur n'a pas de zizi ? », « Comment est arrivé le bébé qu'il y a dans le ventre de la dame ? » (quand ce n'est pas dans le ventre de la maman elle-même). Ils attendent des réponses. Si les enfants doivent connaître les informations qui les concernent, celles qui ont un lien avec leur origine, leur curiosité sexuelle, leur devenir, il n'est pas question pour autant de tout leur dire, il faut savoir ne pas éluder les questions, mais en gardant à l'esprit que ce ne sont pas encore des grandes personnes et qu'il leur faut donc des réponses adaptées[3] !

Autre situation : quand un enfant parle à tout propos de son sexe, qu'il harcèle un autre enfant, il ne s'agit pas de s'en amuser ou de le raconter devant l'enfant à d'autres adultes sur un ton complice et « rigolard ». Cet enfant manifeste une angoisse excessive nécessitant l'avis d'un spécialiste, médecin ou psychologue.

L'amour pour l'enfant permet de le laisser se poser les questions que tout enfant s'est posées depuis des siècles.

Le bon sens réside dans le fait que l'investissement de la sexualité de la petite enfance à l'âge adulte relève du développement normal de l'être humain et de la vie.

En revanche, il me semble logique qu'un parent n'accepte pas et encore moins ne favorise la surexcitation permanente et le surinvestissement du sexe dans lesquels, par les images publicitaires ou autres, vit déjà un enfant, et bien sûr un adolescent, car cela ne relève pas de son développement normal et ne le laissera pas disponible pour d'autres sources d'intérêt.

## Préparer son enfant au « gagnant-gagnant »

Au-delà de l'amour réciproque ou des émotions partagées, le principe « gagnant-gagnant » entre parents et enfant peut s'appuyer sur des attitudes concrètes. Ainsi, il est important d'apprendre aux enfants que l'intimité est un désir humain tout aussi important que celui de se sentir en confiance ou d'être respecté. L'enfant doit respecter votre intimité, à partir de 5 ans ne pas rentrer dans votre chambre sans raison importante ou sinon frapper à la porte. Les enfants d'aujourd'hui sont tout à fait capables de comprendre cette demande. En retour, les parents doivent savoir respecter la demande des enfants, aux environs de 6 ans, de ne pas se montrer nus devant eux. Cette éducation a pour effet aussi de leur apprendre à respecter l'intimité des autres enfants et de faire respecter la leur propre.

*Chapitre 10*

# ÊTRE PARENT, C'EST D'ABORD SAVOIR SE SACRIFIER ?

> « Les parents doivent être toujours disponibles », « On ne s'occupe pas assez de lui », « Il a besoin de nous », « Quand je suis là, je dois d'abord m'occuper de lui », « Il ne faut rien attendre en retour », « Je sacrifie ma vie de femme pour ma vie de mère ».

« Avec nos enfants, nous n'avons plus le temps d'aller au cinéma et encore moins au spectacle ou de visiter un musée », me disent ces parents incontestablement très concentrés sur la vie de leurs enfants. Ils ne connaissent sans doute pas cette étude portant sur l'effet sur la santé et le bien-être de la pratique d'une activité culturelle chez 50 000 Norvégiens[1]. Les auteurs de cette étude évaluaient l'état de santé de ces adultes, la présence ou non d'une maladie chronique, d'un trouble physique mental ayant des conséquences sur leur vie familiale ou sociale, leur perception de leur état de santé, leur niveau de satisfaction lorsqu'ils considéraient leur propre vie selon l'activité culturelle, quel qu'en soit le type, qu'ils pratiquaient. Le résultat est éclairant : les hommes et les femmes qui ont des activités culturelles sont en meilleure santé, se déclarent satisfaits de leur vie, sont moins anxieux, déprimés et ont des bénéfices d'autant meilleurs que l'activité est plus fréquente, et ceci quel que soit le niveau socio-économique. Ne vaut-il pas mieux pour les enfants avoir des parents en bonne santé, satisfaits de leur existence, même s'ils sont moins souvent le soir à la maison que le contraire ? La réponse paraît claire.

## Vie professionnelle et vie privée : quel équilibre ?

Beaucoup de jeunes parents s'interrogent sur l'équilibre entre leur vie professionnelle et leur vie privée, en particulier familiale et parentale. Cette question concerne aujourd'hui les pères mais reste encore plus importante pour les mères. Si le taux d'emploi des femmes âgées de 25 à 54 ans est à 76,6 % en France (supérieur à la moyenne des pays de l'OCDE), seulement 38 % des Françaises, mères de trois enfants et plus, travaillent. Toutes ne le font pas de gaieté de cœur et celles qui arrêtent de travailler ne sont pas forcément satisfaites de l'équilibre entre leur vie de mère et leur vie sociale. Il n'est pas juste qu'au XXIe siècle le fait d'avoir des enfants reste un frein au travail des femmes qui souhaitent ou ont besoin de poursuivre leur activité professionnelle. Une grande politique familiale devrait défendre tout particulièrement la flexibilité du temps de travail, en particulier pour les mères. Politique, à mon avis qui serait plus adaptée pour l'enfant mais aussi, en fin de compte peut-être plus efficace sur le plan économique, que la multiplication des modes de garde, surtout pour les premières années de la vie, contrairement à ce que beaucoup défendent.

## Une présence n'est pas nécessairement une présence physique

J'ai souvent entendu, sûrement comme vous, cette phrase énoncée avec regret, culpabilité ou sentiment d'impuissance, prononcée aujourd'hui tout autant par les mamans que par les papas : « Je ne suis pas assez présent à la maison, je n'ai pas suffisamment le temps de m'occuper de mon enfant, mon travail me prend trop, je rentre tard le soir et part trop tôt le matin, mon enfant souffre de mon absence à la maison, etc. » Les modes de vie contemporains sont difficiles pour les parents qui le plus souvent travaillent l'un et l'autre et qui doivent jongler avec le temps à répartir entre leur vie professionnelle, leur vie privée et leur désir de s'occuper de leur enfant. Je dois dire également que j'ai pu parfois avoir l'impression, lorsqu'un enfant avait des difficultés, que cette explication du temps de présence physique d'un parent insuffisant pour s'occuper de son enfant était une parade qui pouvait éviter de se poser d'autres questions plus personnelles et plus complexes et donc plus culpabilisantes.

Un enfant a incontestablement besoin de voir ses parents. Il n'y a qu'à voir, chez un petit garçon ou une petite fille, sa joie, son sourire, ses bras tendus quand sa maman ou son papa peut venir le chercher à la sortie de l'école ou rentre de son travail et arrive à la maison. Il n'y a qu'à entendre un beaucoup plus grand ou un adolescent reprocher directement à un parent ou aux deux : « N'importe comment, vous n'êtes jamais là. » Inversement là aussi, ce reproche explicite de l'enfant peut en dissimuler d'autres ou éviter par anticipation des reproches possibles de la part des parents.

Pour un parent qui aime son enfant, comment alors ne pas se culpabiliser ?

Il faut d'abord prendre un peu du recul et se rappeler que pendant des siècles et des siècles les parents se sont peu occupés de leurs enfants, travaillant durement à la ferme, plus récemment à l'usine ou, dans les milieux aisés, confiant leurs enfants à des nounous ou à des gouvernantes. Cette absence physique des parents dans leurs tâches éducatives n'a pas fait que des enfants ou des adultes traumatisés ou déprimés. Mais, sans prôner un retour en arrière, je pense comme beaucoup de mes collègues, que si une présence physique minimale, dictée par le bon sens, des parents auprès de leur enfant est indispensable, le plus important est une présence au sens fort du terme. Très tôt déjà, l'enfant peut vous intérioriser en lui par l'attention que vous avez su lui apporter au moment où vous avez été présent auprès de lui. Cette attention doit être nourrie évidemment de tendresse mais aussi d'authenticité, d'empathie et de mimétisme. Le corps de l'enfant est bien petit par rapport à l'esprit qui l'habite.

Il est préférable d'être auprès d'un enfant peu de temps mais en manifestant authentiquement son plaisir d'être avec lui et de se montrer tel que l'on est vraiment, que d'être toute une journée auprès d'un enfant et de se forcer à lui répondre, à s'occuper de lui, dépendant de l'image d'une « supposée bonne mère » ou d'un « supposé bon père ». Le pédiatre psychanalyste Donald Winnicott[2] a parlé à ce propos de « faux-self », qui correspond à une attitude où le sujet se sent en permanence prisonnier de l'image que l'autre attend ou est supposé attendre de lui. Le risque est que le mimétisme qui s'établit entre le parent et l'enfant poussera l'enfant à se comporter de la même façon avec ceux qui l'entourent. Il dira bonjour parce qu'il faut dire bonjour et non pas parce qu'il a désiré être aimable ou bien élevé (voir p. 214).

Il faut aussi se souvenir que, pour un enfant, la non-visibilité, la non-palpabilité et la non-sensibilité du parent ne sont pas pour autant des preuves de sa non-existence. Chacun connaît le plaisir de l'enfant, à partir de 2 ans, à jouer à cache-cache montrant combien l'absence physique visuelle ne signifie pas la disparition ou l'abandon de la personne.

## Jouer seul n'est pas forcément triste

Quand il n'est pas occupé, l'enfant s'ennuie. Spontanément, il demande à la personne présente auprès de lui, généralement ses parents ou ses frères et sœurs de partager une activité qui l'intéresse. « Tu veux pas jouer avec moi ? », répète-t-il souvent. « Laisse-moi, je suis occupé », répondent son père ou sa mère. Sont-ils de mauvais parents pour autant ? L'enfant peut alors se fâcher ou se mettre en colère pour obtenir ce qu'il attend. Las de demander, l'enfant partira jouer seul et laissera ses parents tout étonnés de voir combien il est occupé et joue agréablement sans se préoccuper de ce qui se passe autour de lui.

Enfant moi-même, j'ai passé de longues heures à jouer seul. Je n'en suis pas mort ! Parfois j'étais triste de ne pas partager mon jeu avec un autre enfant de mon âge, de ne pas avoir trouvé quelqu'un avec qui jouer, de voir mes parents absents ou indisponibles pour s'amuser avec moi. Parfois, j'étais aussi très heureux d'être tranquille, de pouvoir construire à partir de mon imagination les habitants d'un ranch, les bagarres entre les personnages, les amoureux qui s'embrassaient. J'étais tranquille pour faire rouler ou arrêter mon train électrique, pour faire une course de voitures ou mimer le Tour de France avec les petits personnages qui ne dépendaient que de moi pour gagner ou perdre.

Les parents, s'ils sont vraiment occupés, doivent-ils alors céder par peur que leur enfant soit triste, se sente abandonné ou maltraité ? Le risque n'est-il pas que l'enfant n'acquière pas suffisamment la capacité d'attendre, la capacité d'être seul, qu'il n'apprenne pas à prendre en compte l'autre avec ses désirs ou ses exigences ?

Le mieux n'est-il pas d'expliquer simplement à l'enfant les raisons pour lesquelles vous n'êtes pas disponible et lui dire que plus tard, dans la journée ou les jours suivants, vous prévoirez avec lui le moment pour jouer et le jeu que vous ferez ensemble.

## L'amour de l'enfant ne doit pas se substituer à la vie du couple

Le rôle de l'enfant n'est pas de désunir le couple et encore moins de devenir implicitement le seul recours en cas de difficultés. Les enfants ne doivent pas détruire la vie intime du couple. Au contraire, l'enfant peut cimenter un couple à condition que ce dernier sache se préserver un espace intime bien à lui.

L'amour parental peut pousser un des parents ou les deux à transformer les sentiments amoureux et passionnés de l'un pour l'autre en un amour parental pour l'enfant. Les mères sont sans doute plus disposées à ce mouvement dans la mesure où il est tellement satisfaisant de se laisser psychiquement remplir par le bébé. Quoi qu'il en soit, ce ou ces parents confondent l'amour passion avec sa dimension érotique plus ou moins consciente qui est l'amour entre adultes et l'amour tendresse qui est l'amour, y compris le plus profond, entre l'enfant et ses parents. Si le parent ne sait pas suffisamment ressentir cette différence humaine, l'amour pour l'enfant peut se substituer ou devenir un frein à la vie amoureuse et intime entre les parents.

La logique est que l'enfant soit l'unificateur du couple et non son « séparateur ». L'enfant ne doit pas avoir l'impression qu'il est le centre du monde et surtout qu'il est le seul responsable du bonheur de sa mère ou de son père. De même, il n'y a aucune raison de penser que la dimension érotique va disparaître avec la naissance de l'enfant. Il est également logique de penser que ce qui est bon pour les parents est bon pour l'enfant. On peut aussi logiquement penser qu'un couple est fait pour durer ou devrait l'être alors qu'un enfant est fait pour partir.

Le bon sens est de penser qu'une vie libidinale réussie entre les parents est vitale pour l'équilibre de chacun, y compris pour celui de l'enfant. Avoir une vie de couple, en particulier une vie amoureuse, c'est sortir des préoccupations parentales et laisser un espace à l'enfant pour grandir.

Allier amour, logique et bon sens ne signifie donc pas se sacrifier mais transformer sa relation de couple pour la rendre encore plus épanouie. Françoise Dolto aurait dit que l'on voyait les enfants s'épanouir au fur et à mesure des retrouvailles amoureuses des parents. Beaucoup plus simplement, cet état d'esprit permet de sous-tendre une attitude très concrète : ne pas se laisser envahir le soir à partir d'une certaine heure par les enfants, ce qui justifie, par voie de conséquence, une démarche éducative commune entre un père et une mère sur l'heure du coucher des enfants.

*Chapitre 11*

## L'AUTORITÉ ÉTOUFFE-T-ELLE ?

« J'ai trop souffert de mes parents,
je ne veux pas que mes enfants souffrent »,
« Je les laisse libres ».

Selon un sondage TNS Sofres publié par le mensuel *Psychologies Magazine* d'août 2011, à la question : « D'une manière générale, avez-vous l'impression que les parents aujourd'hui, ou les parents autour de vous ont du mal à se faire obéir de leurs enfants ? », 81 % des sondés répondent par l'affirmative, plus de 8 Français sur 10, mais 83 % des parents déclarent cependant ne pas rencontrer personnellement de problème d'autorité. Concernant les difficultés à se faire obéir de ses propres enfants, le rangement de la chambre constitue « plutôt » un problème pour 47 % des parents, alors que ce n'en est « pas vraiment » un pour 52 % d'entre eux. Par ailleurs, 68 % des parents n'ont « pas vraiment » de difficultés pour faire participer leur progéniture aux tâches quotidiennes (30 % en ont « plutôt »), et 73 % n'en ont « pas vraiment » sur l'heure du coucher (27 % en ont « plutôt »). Pour expliquer le « déni » des parents devant le problème d'autorité, la revue *Psychologies Magazine* souligne qu'ils « méconnaissent souvent l'importance des transgressions des enfants petits et ne pensent pas manquer d'autorité s'ils leur cèdent » et que « tout se passe comme si, prisonniers d'une image de parent idéal, les parents n'osaient plus avouer leurs difficultés ». Selon la psychanalyste Claude Halmos, la difficulté des parents à dire non à leurs enfants est liée à la confusion trop fréquente entre autorité et autoritarisme, et la méconnaissance du rôle du père. « Tu vas voir ton père quand il va rentrer » ne semble plus la dernière parade contre le débordement des mères.

Le parent moderne ne renvoie plus à l'image de stabilité et d'assurance de son prédécesseur. Les craintes d'en faire trop ou pas assez et de se tromper fragilisent la confiance que tout parent peut et doit avoir en lui face à un enfant. Le socle à partir duquel les « parents d'avant » énonçaient une parole normative et d'autorité s'est fragilisé.

C'est l'antériorité de l'expérience qui fondait l'autorité du parent. À proprement parler, ce dernier n'était pas au-dessus mais en avance sur l'enfant ; autorité inscrite dans l'ordre de succession des places qui garantit le fil de la continuité générationnelle. Le sacre actuel de l'immédiateté, de l'imprévisible et de l'incertain fragilise l'autorité des parents et des maîtres d'aujourd'hui. La « crise » contemporaine de l'autorité apparaît comme le revers d'une crise plus profonde qui touche à la question de la transmission et à celle de son efficacité dans un monde en pleine mutation. Lorsque le présent et le futur deviennent l'ultime référence, lorsqu'ils s'imposent aussi fortement, l'influence des pères cède le pas devant l'influence des pairs et la transmission tend à s'effacer devant l'imitation, si ce n'est l'opposition.

Néanmoins, hier comme aujourd'hui et, sans doute demain, la source de l'autorité éducative se nourrit de la capacité d'influencer l'autre, d'avoir prise sur son comportement. Refuser d'influencer, c'est tout simplement refuser d'éduquer. Cette capacité présuppose plus encore aujourd'hui qu'hier sa reconnaissance et son importance, car l'autorité n'a plus son fondement dans un acte de soumission ou d'abandon mais, tout au contraire, dans un acte de reconnaissance. L'influence éducative n'est pas négative, elle a pour objectif de faire croître et grandir. Elle est moins une volonté qui s'impose à une autre volonté pour la soumettre, qu'une volonté qui s'associe à une volonté naissante pour l'aider à vouloir, pour la guider. C'est aussi une influence temporaire, elle a un terme.

L'enjeu pour les parents de notre époque est de s'engager dans un travail quotidien qui passe par une fidélité en actes à quelques grands principes éducatifs : l'amour mais aussi la cohérence, la constance, le souci de la justice et le respect de soi et de l'enfant.

L'autorité du parent n'est pas celle de l'arbitre qui tire son crédit de sa posture d'indépendance. Elle est ce à quoi l'enfant se réfère pour pouvoir se situer et s'orienter.

Il appartient au parent de signaler les difficultés et les dangers, de refuser les dérives, de reposer le cadre ou encore d'empêcher les régressions. Il lui appartient d'être un adulte, c'est-à-dire d'être celui qui affranchit peu à peu l'enfant de l'infantile. Rappelons que l'infantile est englué dans l'immédiateté, il confond ce qu'il sait et ce qu'il croit, il prend ses désirs pour des réalités ; de l'enfance à l'adolescence, l'infantile appréhende le pouvoir uniquement sur le mode de la révolte ou de la sacralisation.

## Une autorité adaptée et graduée

Il y a différents styles d'autorité qu'un parent peut exercer. La logique et le bon sens sont de savoir exercer ces différents styles selon l'âge de l'enfant.

- Pour les petits enfants, les parents doivent oser communiquer et interdire : « Tu vas te brûler… ne touche pas à cette prise électrique. » Il faut apprendre dès le plus jeune âge qu'il n'y a pas d'autorisation sans interdiction.
- Pour les enfants entre 3 et 10 ans, on peut privilégier un gradient allant du fait d'expliquer à celui d'exiger puis, si besoin, de sanctionner : « Tu rentres de l'école sans rester avec tes amis, prends un goûter et repose-toi à la maison avant d'apprendre tes leçons… Si tu arrives en retard à la maison après la classe tu n'iras pas chez ton ami qui t'a invité samedi. »
- Pour les adolescents, le gradient précédent sera complété par le fait d'éduquer, de négocier et de limiter les excès. L'adolescence est la période la plus difficile en ce qui concerne le respect de l'autorité parentale. Refermer le bouchon de la bouteille de Coca, débarrasser la table, ranger ses affaires propres dans l'armoire, aérer sa chambre, s'habiller en rapport avec la température extérieure, étudier sans mettre la musique à fond ne sont que quelques aperçus d'une lutte quotidienne et d'une guerre de tranchées que tout parent d'ado connaît bien. Comment

faire ? Quelques recommandations simples sont utiles, mais, pour une fois, il est possible qu'elles contrarient votre bon sens :

- choisir le moment propice, c'est-à-dire un moment de calme, pour parler des sujets qui fâchent ;
- parler de façon concise et brève, sinon l'excitation de la discussion croît à une vitesse stupéfiante ;
- associer une autorisation qui vous arrache le cœur à un conseil que vous essayez de ne pas murmurer : « Si tu veux aller au cinéma samedi, je comprends que tu as décidé d'aller avec tes amis, mais choisis un film qui t'intéresse, ne te laisse pas influencer... » ou : « Il te reste un mois avant ton brevet (il pourrait s'agir du bac), les quatre samedis suivants, tu révises les matières, celles qui sont tes points forts, celles qui sont tes points faibles. Veux-tu que je t'aide pour faire un programme de révision que tu auras devant les yeux ? Ça t'aidera, tu le sais... » ;
- profiter d'un moment de bonne humeur qu'il exprime par une amabilité surprenante. Mais se méfier de la demande qu'il a à vous faire en retour qui explique son sourire inhabituel à votre égard ;
- admettre que, sur certains sujets, il en connaît plus que vous. Ne pas s'offusquer alors mais le valoriser. Il en restera toujours quelque chose. Et puis, l'adolescence ça passe mais, il faut le reconnaître, c'est quand même long pour les parents.

## Il est difficile d'aimer et de punir son enfant

Traduisant le souhait sans doute profond de tout parent et de tout temps, Montaigne écrivait dans la seconde moitié du XVIe siècle : « Quand je pourrais me faire craindre, j'aimerais encore mieux me faire aimer[1]. » Certains parents craignent qu'imposer une loi à leur enfant ne conduise celui-ci à ne plus les aimer. D'autres se demandent : comment peut-on aider un enfant à s'épanouir et le contraindre par des interdits ? D'autres s'interrogent : comment trouver la bonne mesure entre autoritarisme et laxisme ? Le problème de la reconquête de l'autorité reste aujourd'hui entier. Pourtant, on peut commencer par réfléchir au sens de la punition et se dire simplement que la punition n'est en rien synonyme d'une éducation répressive, à la condition qu'elle ne soit pas une source d'humiliation pour l'enfant ou de sadisme à son égard. Donner à bon escient une punition n'est pas traumatique pour l'enfant, elle ne l'amènera pas à perdre son affection pour vous, plus encore elle le soulagera d'une culpabilité plus ou moins consciente. Pour le parent, énoncer calmement et clairement une punition lui évite de se mettre en colère ou de crier.

## Qu'est-ce qu'une bonne punition ?

Serait-ce inutile de rappeler qu'une bonne punition est une punition méritée ? « Les enfants savent précisément et mieux que personne ce qu'ils méritent, et ils ne méritent guère que ce qu'ils craignent[2] », écrivait La Bruyère. Il ajoutait : « C'est perdre toute confiance dans l'esprit des enfants et leur devenir inutile, que de les punir des fautes qu'ils n'ont point faites, ou même sévèrement de celles qui sont légères... »

Les parents sont les premiers remparts qui protègent l'enfant de ses instincts et de ses pulsions. Ils ont pour fonction d'être les garants de sa rencontre avec le monde, de son « commerce » avec lui. Ce dernier n'apprendra que peu à peu à s'en saisir lui-même et à s'en protéger si besoin. La punition contient, elle limite, elle permet paradoxalement de donner à l'enfant la liberté de faire des expériences, y compris celle de se confronter à ses parents, pour qu'il puisse prendre conscience que certaines choses sont autorisées et d'autres non.

L'amour pour son enfant, associé à une attitude de bon sens et de logique, conduit à respecter quelques principes :

- la punition doit correspondre à un interdit exprimé clairement par le parent et transgressé tout aussi nettement par l'enfant ;
- elle doit être juste ;
- elle doit être proportionnelle à l'âge de l'enfant, à la bêtise qu'il a faite, à la possibilité qu'il s'en représente la raison, à la nécessité qu'elle soit clairement exécutée. Il n'est pas recommandé par exemple de menacer son enfant de 6 ans de le laisser sur le bord de la route. Vous savez que, dans ce cas, vous serez bien incapable de mettre cette menace à exécution, qu'à son âge, s'il prend votre menace au sérieux, il en sera très angoissé et que si cette punition était exécutée, elle serait disproportionnée au fait (il a pris les jouets de sa sœur sur le siège

arrière de la voiture alors que vous aviez clairement dit que chacun devait jouer avec ses propres jouets).

Face aux émotions de l'adolescent

Quand je lui parle de ce livre que je prépare, un ami me raconte un souvenir dont il ne m'a jamais parlé, sûrement par pudeur : « Je crois que j'ai bien fait avec mon fils aîné mais j'hésite encore par moments. » De quel souvenir s'agit-il ? Le récit qu'il m'en fait est précis comme s'il avait eu lieu hier alors qu'il remonte à une dizaine d'années : « Un jour, je téléphone chez la mère de mes fils pour demander au second, Fabien, s'il veut aller voir un match de foot, sport qu'il adore. C'est son frère aîné Alexandre qui me répond, à qui je dis : "Passe-moi Fabien." Alexandre me répond agacé et sec : "Je n'ai pas que ça à faire." Il prépare en effet les examens de fin d'année de sa seconde. Je lui répète : "Passe-moi Fabien." "Non", me dit-il et après un bref silence, il me crie au téléphone : "Tu m'emmerdes." Je raccroche, d'un bond enfile ma veste, prends ma voiture et fonce dans une colère noire pour régler ce problème avec Alexandre qui ne m'avait jamais parlé comme cela. À mi-chemin, je me calme et me dis qu'il est sans doute énervé avec ses examens, que je l'ai sans doute dérangé et qu'il était peut-être en colère et jaloux que je m'occupe de son frère. J'hésite entre suivre ma première réaction ou me calmer. Je me dis en fin de compte que je ne dois pas laisser passer cette réaction inadmissible de mon aîné. J'arrive, décidé à fermement m'expliquer avec lui. J'ouvre la porte et je vais droit dans la chambre d'Alexandre qui me dit : "Laisse-moi tranquille." Je lui demande de s'excuser, le prends par son pull pour qu'il me réponde. Il me dit alors très agressif : "Si tu veux te battre je suis maintenant plus fort que toi." Il m'a en effet dépassé en taille. Ma colère ne fait que grandir et je lui dis très violemment m'avançant menaçant vers lui : "Essaie." Il s'effondre alors en larmes. J'en suis tout décontenancé. Mais je pense encore aujourd'hui, dix ans plus tard, que j'ai eu raison. Depuis, nous n'avons jamais eu de conflit violent. Je pense que ses pleurs qui m'ont beaucoup touché l'ont en fait soulagé. »

En l'écoutant, je le pense aussi. Il est logique qu'un père ne se laisse ni insulter ni menacer par son fils. Qui pourrait dire le contraire ? Ce garçon était sûrement sous tension, il a réagi sans contrôler ses émotions. Mais qu'aurait-il ressenti si son père avait agi autrement ? Qu'on peut injurier quand on est tendu et énervé, qu'aucune limite ne sera rencontrée ? Est-ce le préparer à devenir un homme responsable, confiant en lui et fier de sa capacité à faire face à des émotions qui le débordent ?

Il n'y a pas d'éducation sans punition, la question concrète reste néanmoins comment punir sans en faire ni trop ni trop peu. Pour cela, les parents doivent se sentir confiants en eux et toujours se rappeler qu'ils sont là pour élever et aimer leurs enfants et pas uniquement pour être aimés par eux. J'ai parfois eu l'impression que certains parents ont peur de mal faire et de faire mal. Selon moi, ils doivent savoir qu'ils font bien en intervenant, en posant des interdits et des limites, et parfois même en étant sévères.

Le seul moyen de se sentir à l'aise avec une punition est d'en comprendre l'utilité.

Pourquoi une punition est-elle utile ?

- « La punition n'est pas une violence. » C'est un acte qui confirme à l'enfant l'importance de l'interdit qui lui a été posé et expliqué, et la nécessité de le respecter[3].
- Pour que l'enfant s'épanouisse psychologiquement. Sévir et interdire permettent non seulement de contenir l'enfant et donc de le sécuriser, car, sans limites, il est angoissé par ses propres pulsions et par celles que les autres peuvent exercer sur lui. « C'est aussi créer une frustration, un

inachèvement de son action qui donneront envie d'y revenir jusqu'à la maîtriser[4]. »
• Pour qu'il apprenne à tenir compte des réactions des autres.
• L'enfant doit apprendre que le fonctionnement familial est en accord avec celui de la société dans laquelle il doit s'intégrer.

Comment bien punir concrètement ?
• La punition doit correspondre à la transgression d'une règle clairement énoncée.
• Plus l'enfant est jeune, plus la punition doit être proche du moment de la transgression.
• La punition doit rester limitée dans le temps, sinon l'effet s'en estompe.
• La bonne punition est celle que le parent, en toute authenticité, pense juste.
• Le bon sens recommande d'éviter certaines punitions : menacer le jeune enfant de ne plus l'aimer, humilier l'enfant, « recourir à la loi du talion », du style : « Tu as fait ça, je te fais ça », qui risque de renforcer l'enfant dans son comportement, priver un enfant d'une activité favorable à son épanouissement (sport, culture...).
• Une punition doit être concrétisée par une sanction. Le mieux est qu'elle « répare » la faute ou la bêtise. Si un enfant a cassé un objet auquel il était interdit de toucher, on peut lui demander de le ramasser ou d'aider à le réparer.
• Les sanctions énoncées, conséquence de la punition, doivent être adaptées à l'écart. L'écart demande une explication, une discussion ou même une négociation, en particulier avec l'adolescent ; la remise en question de l'autorité

parentale demande l'exploration des causes. Si votre adolescent rentre à 1 heure du matin au lieu de minuit, vous pouvez renégocier avec lui ce qui se passera lors de sa prochaine sortie. En revanche, si vous lui aviez demandé qu'il rentre à 1 heure du matin et qu'il est là à 6 heures, les limites devront être beaucoup plus sérieusement posées.

• Une question difficile se pose concernant les punitions pour les mauvaises notes. Je retiendrai ici le point de vue de Gisèle George : « Le recours à la punition en cas de difficultés scolaires (mauvaise note, leçon non apprise, etc.) condamne le parent à augmenter les sanctions, sans que cela influe sur les résultats. Personne ne songerait à punir un enfant qui chute en apprenant à faire du vélo... À l'inverse, encourager, féliciter est une stimulation émotionnelle qui favorise l'apprentissage. Ce qui ne veut pas dire qu'il ne faut pas intervenir. L'alternance encouragements-critiques renforce l'enfant dans une vision d'un adulte rassurant et juste[5]. »

## Comment répondre aux « non », « je ne veux pas » de l'enfant ?

Ce qui est impossible révèle ce qui est en chacun. Quand l'enfant dit « non », s'oppose, crie que ce qui lui est demandé est impossible ou ne respecte pas les règles, cette attitude révèle son besoin de s'affirmer, ses désirs spontanés, mais aussi son angoisse. Pour autant, les parents doivent-ils s'interdire d'intervenir au nom de la sacro-sainte liberté ou du souci d'épanouissement permanent de leur enfant ?

### De l'usage du non à 2 ans

Daphné a 2 ans. Petite fille délicieuse, faisant rire ses parents par cette spontanéité et le début de son langage, elle commence à dire avec beaucoup de fermeté : « Non. » Elle le dit de façon apparemment appropriée quand le légume de sa purée ne lui plaît pas, quand c'est l'heure d'aller faire sa sieste ou quand elle doit passer devant une machine dont le bruit lui fait peur. Que doit faire sa maman ? Dans le premier cas, Daphné affirme ses préférences alimentaires, dans la deuxième situation, soit elle cherche aussi à s'affirmer, soit elle a peur de se séparer de sa maman ou de s'endormir, dans la troisième situation, incontestablement, c'est l'angoisse qui lui fait dire « non ». Quel type d'autorité doit exercer sa maman ?

### Une consigne transgressée

Thibault a 8 ans. Il est en vacances et, après avoir dîné, ses parents l'autorisent à faire un peu de vélo à condition qu'il ne dépasse pas la ruelle dans laquelle il loge. Le problème est que l'ami de Thibault qu'il s'est fait durant ses vacances habite dans une rue adjacente. La tentation est trop forte, Thibault sort de la ruelle pour rejoindre son ami. Il a probablement oublié la consigne, dominé par le désir et le plaisir de faire du vélo avec son nouvel ami. Comment cette petite transgression doit-elle être reprise par ses parents ?

### Autorité alternée

Raphaël à 16 ans. Il s'agit d'un adolescent qui comme beaucoup d'adolescents passe par des moments d'opposition si ce n'est de provocation tout en étant à d'autres moments généreux, sensible, serviable (plus facilement pour ses amis que pour ses parents). Il vit seul avec sa plus jeune sœur et sa mère, mais voit son père dans une garde alternée qui peut être compliquée en raison des activités du week-end des uns et des autres. S'ajoute à cela un autre problème : Raphaël, malgré la séparation de ses parents, poursuit sa scolarité dans le même lycée que l'année précédente, il a pu garder ses amis, qui sont beaucoup plus proches du domicile maternel que du domicile paternel. Raphaël ne facilite pas toujours la tâche de ses parents dans ce problème de garde alternée d'autant que ceux-ci ne sont pas toujours d'accord sur une juste répartition des moments où Raphaël doit être chez l'un ou chez l'autre. Lui aussi, il défend avec fermeté et parfois une certaine violence le « droit », comme il dit, d'avoir ses loisirs avec ses amis. Le problème de la garde alternée, c'est celui aussi, par voie de conséquence, de l'autorité alternée ! Les deux parents de Raphaël vont-ils savoir suffisamment exercer une autorité conjointe, c'est-à-dire appliquer les mêmes principes éducatifs et plus concrètement un accord sur les limites à ne pas dépasser ?

Ces trois situations, à trois âges différents de la vie, permettent de préciser de quel type d'autorité un parent dispose aujourd'hui.

## Les trois formes d'autorité

Dans une société démocratique, l'autorité exercée par un individu ou par plusieurs ne peut faire fi de la loi, au contraire elle peut s'appuyer sur elle. Inversement, la loi ne peut s'appliquer que si une autorité la représente, l'énonce ou l'exerce. Celui qui exerce une autorité s'appuie à la fois sur la loi des institutions de la cité, de la république et sur la loi symbolique que sa fonction représente.

On confond parfois trop souvent l'autorité et le pouvoir. L'autorité diffère du pouvoir, c'est la faculté de transmettre les principes, les règles, les lois et les idéaux. Le rêve d'une autorité universelle qui n'aurait besoin que d'être exposée pour convaincre, qui ne reposerait que sur l'intimidation, doit laisser place, le plus rapidement possible, à l'explication suffisamment ouverte avec l'enfant pour qu'il la comprenne, s'en saisisse et qu'elle lui permette de se construire sa propre autorité avec lui-même. Il intériorise l'autorité de ses parents. À mesure que l'enfant grandit, il est préférable de lui apprendre que, dans de nombreuses situations, certes pas dans toutes, tenir un discours de débat est plus efficace qu'un discours de combat. Dans le jeu, l'enfant, vers 7 ans, commence à vouloir être la maîtresse ou le maître qui dirige mais qui discute aussi avec les plus petits alors que jusque-là il se bagarrait pour savoir qui commandait.

Cette évolution conduit à envisager l'autorité non plus en termes de domination mais de développement humain. On peut ainsi différencier trois types d'autorité :

• L'autorité fondée sur une légitimité traditionnelle : « C'est ainsi, ça a toujours été ainsi. » C'est une notion de bien supérieur qui régit les principes. Le risque est aujourd'hui que ce type de légitimité se confronte aux changements sociétaux. Il est difficile de nos jours de ne pas expliquer sa décision surtout à mesure que l'enfant grandit.

• L'autorité reposant sur une légitimité rationnelle : « C'est juste et légitime. » Le risque est que ce qui paraît juste et légitime pour les uns ne le soit pas forcément pour les autres. Ici, bien évidemment, la cohérence des adultes dans l'exercice de l'autorité qu'il s'agisse du contexte familial ou du contexte éducatif, doit être prise en compte.

• L'autorité fondée sur une légitimité charismatique « s'appuyant sur un pouvoir de séduction de persuasion ». Le risque en est la manipulation consciente ou inconsciente. Il est difficile par exemple de dire non à un enfant ou à un adolescent car il y a la crainte sous-jacente de prendre le risque de perdre l'intérêt, le lien et même l'amour de cet enfant. Les parents, aujourd'hui, préfèrent souvent, lorsqu'ils veulent être obéis, remporter l'adhésion de leur enfant, « s'il te plaît fais-moi plaisir », plutôt qu'exercer une autorité. Le risque est de substituer dans cette phrase anodine la séduction à l'autorité. En apparence, cette attitude peut être efficace car l'enfant a envie de faire plaisir, mais il exige une réciprocité. Il ne s'agit plus d'une relation d'autorité mais d'une relation de marchandage.

## Comment se construit une relation d'autorité ?

Donner des limites à l'enfant, pour sa sécurité ou pour l'aider à contrôler ses débordements instinctifs, commence dès la petite enfance. Comme le rappelle Claude Halmos : « Les parents vivent bien souvent le respect des règles et des limites comme contradictoire avec le plaisir. Or, sans règles, impossible d'être heureux ! Un enfant qui fait n'importe quoi a sans arrêt des ennuis et est toujours angoissé[6]. » L'apprentissage des limites débute très tôt après la naissance, mais c'est vers « 10-12 mois, quand l'enfant commence à acquérir son autonomie motrice[7] » qu'il doit prendre conscience qu'il existe des interdits.

Entre 12 et 18 mois, l'enfant guide son action en fonction des demandes, des attentes ou du regard de ses parents. Cela suppose que l'adulte soit attentif à ses tentatives de répondre à ce regard. Faute de rencontrer ce regard parental, le jeune enfant risque de se lancer hors de lui-même dans un excès d'expériences et d'exploits personnels, source de sentiment de toute-puissance factice et de débordements dangereux. À cet âge, il suffit de nourrir chacun des besoins de l'enfant, de combler chacune de ses frustrations pour le mettre en danger. Il faut savoir que l'interdit ne génère pas uniquement la souffrance mais le désir.

## *Les étapes de l'autorité*

• À partir de 18 mois, 2 ans, c'est la fameuse phase du non. Face au « non » de l'enfant qui ne veut pas manger son fruit ou tape son frère ou sa sœur, les parents doivent savoir « être fermes » même si au fond d'eux-mêmes ils sont amusés de cette marque d'affirmation de leur « jeune pousse ». Le risque surgit quand l'adulte, exerçant ainsi son autorité, a peur de devenir aussi autoritaire que ses propres parents dont il a pu souffrir. Ces adultes ne disent rien ou peuvent être fermes mais sans trop y croire ou de façon navrée. Chez l'enfant un peu plus âgé, le risque encouru est également celui d'un désamour momentané : « Je ne t'aime plus, méchante maman. »
• Entre 3 et 6 ans, durant la fameuse phase œdipienne, même si cela était déjà vrai antérieurement, l'autorité dans l'esprit de l'enfant se différencie selon les personnes qui l'exercent.
• Entre 6 et 10 ans, l'identification à l'adulte, de plus en plus marquée, permet une intériorisation de ce qu'on appelle en psychanalyse le surmoi, cette instance morale qui est également source de culpabilité. Il s'agit ici du surmoi protecteur. Mais, attention, cette identification à un adulte qui exerce de façon tyrannique son autorité peut être la source d'un surmoi tyrannique, intériorisé, sadique, incitant au passage à l'acte.

• Arrive l'adolescence au cours de laquelle se rejouent les différentes étapes précédentes avec néanmoins un désir profond d'affirmation de soi, une quête de sa propre identité, une jouissance de l'excès. En outre, il faut savoir que les adolescents utilisent le groupe pour rendre réels leurs propres symptômes en puissance. L'adolescent a besoin d'un temps de reconnaissance de sa propre subjectivité par l'autre, à condition que cet autre se manifeste dans sa structure symbolique propre, c'est-à-dire soit à l'aise avec son statut de mère ou de père, en un mot de parent.
• Tout au long du développement, l'éducation consiste à confronter l'objet fantasmatique que le sujet se fabrique avec les situations et les personnes qu'il rencontre.

En résumé, je donnerai ces repères pour exercer l'autorité :
- poser peu de limites mais fermement ;
- éviter de modifier les règles établies ;
- la règle doit être la même partout et pour tous ;
- ne pas céder après avoir dit « non » ;
- ne pas menacer sans effet ;
- réagir très fermement et avec célérité à la violence ou à l'insolence ;
- envoyer le sujet se calmer pendant plusieurs minutes.

## Les risques d'une autorité défaillante

Ne doit-on pas éviter de laisser un enfant ou l'adolescent privé de ce dont il a besoin, ici, la protection et l'apaisement qu'une autorité bien exercée lui apporte ? À propos de cette autorité parentale, la question est de savoir comment rendre tolérable ce dont l'enfant a besoin et qui le contrarie ?

On sait qu'une des principales sources d'angoisse est de sentir que le monde est vide ou vertigineux : sans appui, sans repère, sans limite. L'acceptation de l'autorité suppose un minimum de rencontres, de confrontations et de consentement à l'autre, sinon elle n'est que violence potentielle.

Dans l'exercice de l'autorité, quels que soient les âges de la vie, il est prudent de ne pas ignorer le désir de toute-puissance toujours potentiellement présent en nous. L'autorité peut être défaillante si elle ne prend pas en compte les angoisses de toute nature : de l'absence, du vide, de l'abandon, de la solitude, du silence.

## Les situations difficiles

### *Face à la maladie de l'enfant*

Face à la maladie de leur enfant, les parents doivent savoir s'appuyer sur toutes leurs qualités et toutes leurs forces. Ils doivent aussi faire sortir au grand jour toutes les qualités et les défauts, toutes les forces et les faiblesses de l'enfant[8]. Plus la maladie est grave, plus cela est difficile. La maladie est une épreuve de vérité incomparable mais aussi parfois terrible.

### *Face à un enfant trop fréquemment opposant*

L'autorité concerne ici soit des individus précis, soit un groupe en opposition si forte que le désir de se faire comprendre n'a aucun effet. Le très beau film *Les Choristes* nous montre comment avec certains pensionnaires l'attention qui leur est portée transforme leur attitude généralement opposante mais que, pour d'autres, et en particulier pour l'un d'entre eux, elle n'a aucun effet. Le problème est que ce dernier cas demande plus qu'on le dompte qu'on ne l'éduque. Mais, avec espoir, le dompteur ne doit pas oublier qu'il doit toujours tenter autant qu'il le peut de convaincre et de comprendre.

Il s'agit également de moduler son autorité selon la situation. On ne l'exercera pas de la même façon face à un élève qui reste une heure devant sa feuille sans rien faire ou face à un élève menaçant un autre avec un couteau.

En fin de compte, l'autorité est une posture morale qui peut impressionner ou culpabiliser. L'autorité peut aussi modifier, guider, protéger, ouvrir une voie, proposer des accommodements raisonnables. Il y a sûrement à craindre d'une contrainte excessive, d'une autorité trop arbitraire, mais tout à espérer d'une autorité qui protège, qui autorise à faire et à dire, ce qui permet à l'enfant de se sentir responsable.

*Chapitre 12*

# L'ÉCOLE AVANT TOUT ?

L'école est souvent devenue la première préoccupation des parents. Ne prononcez-vous pas trop souvent : « Qu'est-ce que tu as fait aujourd'hui à l'école ? » Alors que vous souhaitez que votre enfant prenne confiance en lui, avez-vous été tenté de lui dire : « Mais qu'est-ce qu'on va faire de toi plus tard ? » N'avez-vous pas posé cette question à vos amis : « Je cherche la meilleure école, vous connaissez ? » Ne vous êtes-vous pas dit intérieurement, fatigué de vos efforts pour que votre enfant se calme ou s'investisse dans son travail scolaire : « À l'école, il va apprendre à être sage. » N'avez-vous pas ajouté pour vous déculpabiliser : « Ça lui fait plaisir d'aller à l'école ! »

L'école n'est pas tout dans la vie d'un enfant ; il peut aimer y aller pour des raisons différentes des vôtres, il peut ne pas aimer y aller, il peut avoir des moments où sa scolarité ne l'angoisse pas et des moments où elle le stresse, il peut avoir des bons résultats dans certaines matières puis des fléchissements, il peut aimer des enseignants et pas d'autres, ce qui d'ailleurs est souvent corrélé avec ses bons ou ses mauvais résultats. En un mot, c'est un enfant normal.

## « Je cherche la meilleure école »

Il est normal que l'amour parental incite les parents à chercher la meilleure école pour leur enfant. Selon les uns et les autres, mais aussi selon les âges, plusieurs questions peuvent se poser : écoles publiques ou écoles privées, externat ou internat, école à petit effectif ou cours de rattrapage, écoles spécialisées pour enfants d'intelligence différente ?

Pour répondre à ces questions, comme toujours, à l'amour parental doivent s'associer le bon sens et la logique.

Le bon sens est de faire participer l'enfant à cette décision, même s'il est encore jeune. Le faire participer ne veut pas dire que ce sera à lui de décider. L'informer du changement possible, lui faire visiter l'école, sentir soi-même, en tant que parent, que cette école pourrait lui convenir pour qu'il s'y sente en confiance, relève du bon sens.

La logique est de choisir une école qui ne repose pas seulement sur la réputation d'une scolarité basée sur la réussite, ni une école qui nécessite tout simplement des transports quotidiens particulièrement fatigants.

L'erreur d'une recherche d'école ou de scolarité centrée uniquement sur le critère de la réussite s'est récemment vue confirmée par un sondage auprès des 16-30 ans montrant l'écart qui peut exister entre le point de vue de ces jeunes et les parents. À la question : « Selon vous, quels sont les deux éléments les plus importants pour réussir sur le plan professionnel ? », ces jeunes répondent pour plus de 53 % le travail et l'effort, pour 52 % la motivation, 23 % la confiance en soi, seulement pour 9 % le diplôme et 6 % la réputation du diplôme[1] ! Leurs critères de réussite pour leur vie professionnelle future sont donc bien éloignés des critères de ceux que les parents évoquent généralement. Ont-ils tort, ont-ils raison ? Il est vrai que, pendant la crise de 2009, le taux de chômage des non-diplômés a explosé alors qu'en revanche 95 % des diplômés bac + 5 ont trouvé un poste. Personne ne peut le contester. La formation qu'elle soit initiale, professionnelle ou classique est un bagage indispensable pour les générations futures, beaucoup seront amenés à changer de métier au cours de leur vie. Il est donc normal que les parents se soucient des qualifications et du maintien dans les études. Mais il faut aussi entendre le sens de ce sondage des jeunes. Comment concilier ces deux points de vue ? Il faut sortir du même enseignement pour tous, en fait inégalitaire, pour entrer dans un projet collectif plus adapté pour chacun et surtout qui posera comme premiers objectifs : le travail, l'effort, la motivation et la confiance en soi.

## L'école n'a pas toujours raison

La relation entre les parents et l'école, comme pour toute relation, s'appuie sur la compréhension de points de vue de chacun.

### *Il ne suit pas comme les autres*

L'école vient de vous informer que votre enfant a des difficultés pour suivre en classe. Il ne s'agit pas de problème de comportement ou de discipline mais d'acquisitions des connaissances. Les enseignants s'adressent à un groupe d'enfants ou d'adolescents, pas à un enfant particulier. S'agit-il vraiment d'une difficulté dans l'acquisition des connaissances ou du fait que votre enfant est le plus jeune de la classe, vient-il d'une autre école ou revient-il d'un pays étranger où la scolarité était différente, a-t-il pris l'année précédente du retard, est-il « surdoué », etc. ? Un point est sûr : l'enfant est capable d'acquérir des connaissances mais à son rythme. Votre enfant peut avoir un rythme différent de la moyenne qui est le repère admis par l'école républicaine. De même que pour le développement physique, on connaît maintenant, depuis plus de cinquante ans, la succession progressive des stades de développement « cognitif » ou « intellectuel » de l'enfant.

## *Doit-il redoubler ?*

Lorsque l'école annonce que l'enfant doit redoubler, souvent les parents s'interrogent. Le redoublement est-il justifié, sera-t-il efficace ? Le point de vue des enseignants est-il forcément à suivre ? Les parents doivent savoir que les seuls paliers où les professeurs, lors du conseil de classe, peuvent s'opposer à un passage se situent en fin de 6$^e$, en 4$^e$ et en 3$^e$.

Les enseignants ne sont pas toujours d'accord sur l'intérêt pour un élève de redoubler. Certains pensent que laisser passer un élève sans suffisamment de connaissances de base, c'est l'installer dans l'échec. D'autres considèrent que le maintien dans une classe ne sert pas à grand-chose si l'enseignant fait revivre la même année à l'élève, s'il n'a pas les moyens de différencier sa pédagogie. D'autres encore considèrent que si le maintien est lié à des difficultés spécifiques ou ponctuelles, le redoublement n'est peut-être pas la bonne solution. Un enseignant soulignait par exemple qu'il avait fait passer plusieurs élèves du CP en CE1 sans qu'ils aient les acquis suffisants en lecture. Il considérait que si l'enfant, légèrement dyslexique, allait voir l'orthophoniste, il décollerait dès que le problème serait résolu.

Beaucoup soulignent que l'efficacité dépend aussi du profil de l'élève. Si le maintien dans la même classe est lié à un manque de maturité, le redoublement peut être une seconde chance, une possibilité de reprendre les apprentissages pour lesquels il n'était pas prêt la première année.

Comme on peut le voir, chaque enfant est différent et les parents sont les mieux placés pour prendre en compte ces différences. Un enfant intelligent mais peu sûr de lui peut présenter une année des difficultés scolaires. L'objectif est de le mettre en confiance et non pas de le faire redoubler ; d'autant qu'une étude portant sur 4 000 élèves de CP a montré une perte d'estime de soi des redoublants[2].

La mise en question, non pas des enseignants, mais du système scolaire français n'est pas à ce propos incorrecte. Trop souvent, on considère en France le redoublement comme une seconde chance. De même l'idée bien française selon laquelle à une classe d'âge correspondent un niveau d'enseignement et un programme est fortement remise en question dans les pays scandinaves où l'on pratique un suivi individualisé dès qu'une difficulté apparaît, ou aux États-Unis et au Canada où la classe est à certains moments divisée en groupes de niveau. En France, certes la pratique du redoublement a fortement diminué ces dernières années (aujourd'hui, 6 élèves de terminale sur 10 sont « à l'heure » contre 1 sur 2 en 2004 et 1 sur 3 en 1990). Mais la gestion des difficultés scolaires se fait encore trop par le redoublement comme l'a montré une enquête de l'OCDE qui place la France en cinquième position des pays au monde où l'on redouble le plus (étude de juillet 2011[3]). Le pourcentage d'élèves de 15 ans indiquant avoir déjà redoublé au moins une fois est de 38 % pour la France alors qu'il est de 2,2 % au Royaume-Uni, de 4,4 % au Danemark, et de 14,2 % aux États-Unis. Tous ces éléments montrent que, tout en tenant compte attentivement du conseil des enseignants, une soumission trop passive ne doit pas être la règle à suivre de la part des parents. Là comme ailleurs, l'important est de rendre en amont l'enfant conscient des conséquences que ses difficultés scolaires entraînent, par exemple la perte de ses amis, plutôt que d'agiter au dernier moment le chiffon rouge du redoublement : « Si tu ne travailles pas tu vas redoubler. » Le redoublement ne peut être efficace que dans la mesure où l'élève en comprend le sens, celui d'une nouvelle chance donnée pour pouvoir aller plus loin dans les études. Sinon il vivra ce redoublement soit comme un échec, soit comme une punition et ceci ne fera que renforcer le manque de confiance qu'il a en lui.

## « *Les enseignants n'ont plus assez d'autorité* » ?

Les parents demandent à juste titre que les enseignants se fassent respecter et consacrent tout leur talent à permettre à l'enfant d'acquérir les connaissances indispensables en rapport avec l'âge de l'enfant. D'un autre côté, les enseignants se plaignent d'avoir des enfants dont les parents n'assument pas suffisamment le rôle de parents en ce qui concerne le respect de l'adulte et en particulier des enseignants. J'ai aussi souvent recueilli des témoignages d'enseignants, lors de formations que je fais auprès d'eux, se plaignant d'enfants dont les parents ne leur apprendraient pas suffisamment à respecter les adultes, et en particulier leurs enseignants.

J'ai aussi entendu ces dernières années à plusieurs reprises des enseignants choqués par le fait que la sanction qu'ils avaient posée à un élève avait amené ses parents à se plaindre de l'enseignant. Chacun, sûrement de son point de vue, a des raisons d'avoir cette opinion. Ceci montre, entre autres, qu'un partenariat enseignants-parents est insuffisant en France et pourrait trouver sa place, comme le recommande le professeur Maurice Tubiana de l'Académie de médecine, si les journées scolaires étaient moins longues et le nombre de jours scolarisés augmenté. Maurice Tubiana ajoute : cela permettrait aussi que les écoliers soient moins fatigués et moins tendus et n'excèdent pas leur capacité en particulier pour les moins doués ou pour ceux qui ne sont pas aidés à la maison par des parents disponibles[4].

L'autorité à l'école est une question contemporaine.

Du *Cercle des poètes disparus* à *Entre les murs,* en passant par *Les Choristes*, le cinéma contemporain nous montre les différentes figures de la relation pédagogique et éducative. Le film de Laurent Cantet suscite une réflexion particulièrement intéressante sur la place de l'autorité à l'école et en particulier au collège. Ce film nous montre qu'une question centrale se pose : comment trouver la juste distance entre la confiance indispensable à la relation pédagogique et la distance que suppose tout exercice d'autorité ? Lorsque la distance devient trop ténue, la classe quitte le cercle scolaire pour laisser transparaître de façon impudique la sphère intime de l'enseignant ; l'histoire est celle de l'arroseur arrosé. Le risque est bien celui d'être débordé par ses sentiments personnels et ne plus pouvoir avoir recours qu'à un tiers, ici, la loi en la « personne » du conseil de discipline. La distance se renverse, elle devient alors trop grande au point de rompre la relation entre l'enseignant et l'élève. L'autorité peut alors apparaître trop distante, formaliste, voire injuste. Ce film pose un problème peut-être plus philosophique qu'il n'y paraît : le savoir se construit-il dans la liberté ou la liberté se construit-elle par l'acquisition du savoir ?

Que fait l'école face à la violence ? Cinquante-trois pour cent des écoliers et des collégiens des quartiers populaires ont déjà été victimes d'insultes, de moqueries, de violences physiques, de vols ou de rackets dans leur établissement ; 35,9 % d'entre eux déclarent avoir mal au ventre avant d'aller à l'école[5]. Chacun constate que la violence tend à se généraliser dans tous les milieux scolaires. Certains enseignants sont amenés à créer des ateliers de parole durant lesquels chacun donne son opinion sur les bagarres et cherche une solution. Mais il faut reconnaître que la hiérarchie scolaire a tendance à se voiler la face, prise dans des contradictions qui ne sont plus adaptées aux réalités. Le silence ou la démission des adultes, souvent débordés, aggravent la situation. Les parents n'ont pas toujours raison sur l'analyse du phénomène mais l'école non plus.

## « *Je cherche une école adaptée à mon enfant* »

Chaque parent souhaiterait idéalement que l'école prenne en compte les caractéristiques, les capacités et les difficultés que son enfant individuellement présente. Bien évidemment, cela est impossible. Nous disposons de plus en plus de collèges et de lycées techniques, d'écoles à petits effectifs, de classes adaptées aux enfants présentant de façon importante des difficultés d'apprentissage, de sections spécifiques ouvertes à des enfants ayant un intérêt particulier pour le sport, pour différents domaines artistiques. Notre système scolaire s'est beaucoup amélioré mais il manque encore d'ouverture au changement. Les parents ont raison lorsqu'ils demandent d'introduire un enseignement pratique des langues, des sciences et des techniques dès l'école élémentaire, de favoriser des ateliers d'apprentissage, en particulier grâce à l'informatique[6]. Les parents ont raison de se plaindre d'un enseignement trop théorique pour l'ensemble des matières enseignées. Ils ont raison de souhaiter le développement de l'éducation sportive et artistique comme cela se fait dans beaucoup d'autres pays. Le sport donne le goût de l'effort et de la responsabilité en équipe, l'apprentissage artistique ouvre l'esprit. La France est le pays développé où les enfants leur consacrent le moins de temps.

## Apprendre aussi en famille

Une dernière raison pour considérer que l'école n'est pas tout dans la vie de l'enfant se fonde sur la prise de conscience qu'apprendre commence en famille et que l'univers familial est un lieu privilégié de l'apprentissage et de la transmission. Parfois les parents doutent d'eux-mêmes et de leurs compétences. Il existe de multiples domaines où la transmission familiale est la source de découvertes et de plaisir. Les musées, ou certaines salles de spectacle l'ont bien compris qui font preuve d'imagination pour accueillir les familles et pour proposer d'apprendre tout en s'amusant. Les compétences ne s'acquièrent-elles pas précisément par le « faire ensemble » et le fait d'échanger à propos de ce qu'on a fait ? « Notre enfant n'est pas motivé », se plaignent souvent les parents. Savent-ils qu'ils ont un moyen plus efficace que de reprocher le manque de motivation à leur enfant en l'initiant par le jeu, par des commentaires sur les médias regardés ensemble ou par des visites ou des lectures. Ce n'est pas la « motivation » mais la « proximité avec le sujet » qui détermine la capacité à engranger des informations et les comprendre. En d'autres termes, pas de compétences sans un savoir préalable, pas d'intérêt aux principales matières scolaires sans un minimum de culture générale. Plus on possède de connaissances, même de base, et plus on est capable d'en accumuler rapidement. La culture générale que tout parent peut au minimum transmettre est une clé de la motivation scolaire, démontre scientifiquement Daniel T. Willingham[7], professeur de psychologie cognitive à l'Université Harvard, spécialiste du fonctionnement du cerveau. Il affirme cela à partir de ses études sur la « mémoire de travail », qui puise ses ressources dans les informations stockées dans la « mémoire de long terme ». Dit autrement, ce professeur nous rappelle le bon sens : nous retenons mieux un texte consacré à un sujet dont nous maîtrisons quelques notions, alors que toutes les données sur un domaine nouveau s'effacent facilement de notre mémoire, nous obligeant à le relire ou à le répéter. Daniel T. Willingham cite en exemple un enseignant, qui pour faire comprendre à ses élèves la condition des esclaves noirs américains, aidés dans leur fuite vers le Nord par quelques abolitionnistes, mais obligés de se nourrir de biscuits, faisait fabriquer à ses élèves lesdits biscuits à base de farine et d'eau. Intéressés par leur recette de cuisine, ils se souviendront plus facilement d'une connaissance historique.

Aujourd'hui, l'enfant qui apprend peut devenir à son tour celui qui enseigne pour le bonheur de chacun. Une étude a montré que les deux tiers des 40-60 ans font appel à leurs enfants ou petits-enfants pour résoudre un problème d'ordinateur[8]. On verra peu souvent, en France, un enseignant demander à ses élèves un conseil ou une connaissance. On peut citer aussi le rôle des grands-parents dont je parlerai plus loin (p. 256). Ils peuvent disposer d'un temps parfois plus important que les parents pour emmener l'enfant à un spectacle, visiter une exposition, aller au cinéma, faire une balade commentée dans la ville. Toutes ces activités, dégagées de l'urgence ou d'un résultat directement productif, sont sources de détente et de connaissances partagées. L'École des grands-parents européens (EGPE) organise depuis plusieurs années avec succès des activités au cours desquelles grands-parents et petits-enfants accomplissent ensemble des visites commentées ou participent à des ateliers où le plus jeune fabrique avec l'aide de l'adulte un objet qu'il pourra rapporter chez lui. Cette forme de transmission de la part des parents ou des grands-parents ne représente pas pour l'enfant le caractère obligatoire de l'école et favorise un moment d'échange agréable entre l'enfant et l'adulte.

Pour conclure cette deuxième partie, si vous remettez en question ces cinq principes et choisissez une approche « gagnant-gagnant », en les aimant sans vous sacrifier, vous rendrez vos enfants motivés et prêts à affronter le monde réel.

# TROISIÈME PARTIE

# UN ENFANT CONFIANT EN LUI, RESPONSABLE ET « BIEN ÉLEVÉ »

*Chapitre 13*

# LA CONFIANCE EN SOI, UNE ÉNERGIE POUR LA VIE

Quel plaisir pour un parent de penser et de pouvoir dire : « Ma fille, elle est parfaite », « Mon fils, c'est un rêve. » Chaque parent souhaite l'enfant idéal, mais il sait très bien que ça n'existe pas... et heureusement. L'enfant peut s'être très bien comporté à un moment donné ou dans une situation particulière et permettre ainsi aux parents de prononcer les phrases précédentes. Mais, à d'autres moments, il sera difficile d'en penser même la possibilité. Il n'y a pas plus de parent idéal que d'enfant idéal. Heureusement, l'être humain n'est pas une machine qui répondrait automatiquement à ce qu'on lui demande ou à ce qu'on attend d'elle. D'ailleurs, les machines elles-mêmes ont leurs faiblesses et leur durée de vie.

Inversement, quel parent souhaite que ses enfants, pour aujourd'hui et demain, manquent de confiance en eux, soient irresponsables, impolis, malhonnêtes, ne respectent pas les autres, n'aient aucune référence morale ? La confiance en soi, le sens des responsabilités et la « bonne éducation » sont les trois piliers de l'héritage fondamental que tout parent, aimant ses enfants et souhaitant le meilleur avenir possible pour eux, désire transmettre.

Quel parent ne s'est pas dit qu'à un moment où, lui-même enfant, il aurait pu sérieusement déraper, franchir gravement les limites, passer la ligne jaune pouvant l'exclure de la société, les valeurs et la morale transmises par ses propres parents l'en ont empêché et qu'avec le recul, il les remercie encore aujourd'hui. Quels parents, avec la lucidité que la vie d'adulte permet d'avoir, n'ont pas découvert que l'estime de soi et l'estime des autres s'acquièrent et se renforcent par des comportements et des attitudes concrètes qui ont montré que vous saviez être « bien élevé » et « responsable ». Plus encore, nous avons appris que le désir de s'affirmer et de mener à bien ce qu'on souhaite réussir dépend de l'estime de soi, de ce qu'on appelle en psychanalyse : l'« idéal du moi », ce petit personnage intérieur qui vous pousse vers des projets et vous donne l'ambition de les réaliser.

Du début à la fin, les lettres à sa famille ponctuent la correspondance du célèbre compositeur et écrivain, Hector Berlioz. Sévèrement blâmé par ses parents pour avoir préféré aux études médicales, des études musicales, le jeune homme reste néanmoins un fils recherchant la fierté de ses parents et en particulier de sa mère. Le 23 août 1830, le tout nouveau prix de Rome écrit ainsi : « Ma chère maman, j'ai enfin le plaisir de vous annoncer que j'ai obtenu ce fameux prix. Il est à moi [...]. Je suis trop heureux si ce succès peut vous causer quelque joie, à vous chère maman, à mon excellent père et mes bonnes sœurs. »

Comment se construit ce désir de plaire à ses parents, qui pousse l'enfant à construire la meilleure image possible de lui-même ? Ici, la psychanalyse offre une explication claire et satisfaisante : « Ce que l'homme projette devant lui comme son idéal est le substitut du narcissisme perdu de son enfance ; en ce temps-là, il était lui-même son propre idéal[1]. » Personne ne doute de ce désir de l'enfant quand il le voit jouer au chevalier ou à la princesse. Comment imaginer qu'un petit enfant puisse se construire son image de lui comme pouvant être idéale, si ce n'est en se sentant aimé et admiré par ses parents, en particulier par sa mère ? Ceci revient à dire que l'idéal du moi de l'enfant repose sur une bonne intériorisation de l'amour parental et de la projection des attentes narcissiques de ses parents. La fille intériorise avant tout l'idéal du moi de la mère qui lui souffle à l'oreille : « Réalise ce que j'aurais aimé être » et du désir de séduire son père. Le garçon répond aux vœux de sa mère : « Je t'aimerai d'autant plus que tu désireras réaliser ce que j'aimerais que tu deviennes », et celui de son père : « Si tu es ainsi, je serai fier de toi. » On peut ainsi mieux comprendre comment, chez la fille, une mère sans idéaux personnels ou un père indifférent, et, chez le garçon, une mère peu aimante ou un père négligeant son éducation, entravent l'estime de soi. Mon expérience professionnelle, et plus largement celle de la vie, m'a convaincu : aimer ses parents parce qu'évidemment ils vous aiment, constitue le terreau indispensable d'une bonne éducation, du sens des responsabilités et de la réussite. La plupart des parents désirent répondre à ce challenge, mais l'enjeu est de taille. Il nécessite une attention, un effort et une lutte constants contre votre fatigue après une journée de travail ou après l'éventuelle culpabilité qu'une « bonne âme » vous a insufflée en vous disant « qu'elle n'aurait pas fait comme vous ». À ce niveau, ne refusez pas l'aide des autres et ne vous en offusquez pas. Le recours à autrui vous aidera et vous confortera dans vos efforts, que vous le demandiez ou qu'il vous arrive spontanément, à condition qu'il corresponde à l'éducation que vous souhaitez donner à vos enfants.

« C'est votre faute »

Les parents d'Adrien demandent à me rencontrer avec leur fils qui commence sa rentrée scolaire. Cette année est importante, c'est l'année du bac. Adrien est un garçon intelligent, sensible et au fond de lui respectueux de ses parents. Il n'empêche qu'il attribue, au cours de nos rencontres, ses difficultés à travailler au manque de « présence » de ses parents. « Tu ne t'intéresses pas à ce que je fais », dit-il à son père, « Tu délègues à des personnes me donnant des cours », reproche-t-il à sa mère. Ces reproches le dédouanent incontestablement de ses difficultés à se mettre au travail.

Mais ses parents, eux aussi sensibles et intelligents, reconnaissent que leurs soucis personnels ne leur permettent sans doute pas d'être aussi disponibles qu'ils le souhaiteraient. Ils viennent me voir pour que je les aide. Le fait qu'Adrien puisse leur faire sérieusement ces « reproches » devant un tiers, ce qu'il ne peut exprimer directement qu'au prix d'une dispute familiale, change l'attitude des uns et des autres. Adrien a exprimé ses difficultés, ses parents en ont pris bonne note et s'engagent, devant le tiers que je suis, à accompagner cette année leur fils avec une plus grande attention en harmonie avec le souhait qu'il réussisse son année scolaire. D'un sujet de dispute, nous sommes passés à un contrat fait de lucidité et au fond d'amour les uns envers les autres.

## Nourrir la confiance en soi

J'ai souvent reçu des parents malheureux, venant me consulter en dressant les constats suivants : « Il est influençable », « Il se fait trop facilement maltraiter par les autres », « Il n'a pas confiance en lui ». Je leur demande alors ce qu'ils font pour rendre leur enfant confiant en lui. La réponse n'est pas spontanée parce qu'elle ne va pas de soi. Dans notre monde hypercompétitif, nous sommes poussés à vouloir toujours mieux et à valoriser les résultats immédiats obtenus plutôt que les efforts accomplis. Il est toutefois important d'inverser cette proposition pour que l'enfant construise sa confiance en lui[2].

Les parents pensent plus facilement aux raisons du manque de confiance de leur enfant. J'entends plutôt souvent de la culpabilité : « On est peut-être trop exigeant sur sa scolarité ? », « Moi-même, je manquais de confiance quand j'avais son âge ». Être un parent anxieux (pas trop quand même) et rendre un enfant confiant, c'est pourtant possible ! Tout parent a le pouvoir de donner à son enfant une confiance en lui dont on connaît l'utilité, si ce n'est la nécessité, pour qu'il soit suffisamment heureux, pour qu'il réussisse sa scolarité, pour qu'il ne se fasse pas maltraiter par les autres, pour qu'il ne soit pas trop influençable, pour qu'il ne devienne pas dépendant des chants des sirènes auxquels tout enfant ou tout adolescent peut succomber.

J'entends aussi une explication portant sur un fait ou un événement qui serait à l'origine du manque de confiance en lui de l'enfant : « Il était petit par rapport à son âge », « Un enseignant très sévère lui a fait peur », « Il a été malade quand il était plus jeune », etc.

### *Le regard bienfaisant*

Ces parents ont tout à fait raison sur un point : la confiance s'acquiert chez l'enfant par le regard que les autres portent sur lui. Mais le premier regard, c'est le leur, celui des parents. Ce n'est que peu à peu, au cours du développement, que le regard des autres sera l'origine du regard sur soi-même. Chacun peut tomber d'accord sur cette phrase un peu compliquée mais tellement vraie : « Je suis ce que je pense que vous pensez que je suis. » L'enfant ne se la formule pas ainsi mais la ressent profondément. Il interroge d'abord le regard de ses parents y cherchant une réponse aux deux questions qu'il se pose plus ou moins consciemment : « Me sentez-vous capable d'avoir les capacités de faire face aux frustrations, aux déceptions, aux angoisses, aux peurs, aux épreuves de la vie, c'est-à-dire me sentez-vous capable d'y arriver (à ce qui m'est demandé) ? » et « Pensez-vous que je peux avoir confiance en moi, c'est-à-dire prévoir positivement ma réussite pour oser me lancer ? » Quand le petit enfant de 18-20 mois commence à prendre lui-même avec sa main la cuillère que jusque-là sa maman tenait pour manger sa purée, il le fait pour s'autonomiser mais aussi sous le regard plus ou moins confiant de sa mère ou de son père. Quand l'enfant de 5 ans se lance pour la première fois, seul en vélo, sans petites roues et sans être tenu, il est, là aussi, placé sous le regard interrogatif de ses parents, qui traduit soit un encouragement à continuer, soit la crainte de la chute. Ce regard a ainsi un double pouvoir. La scolarité sera ensuite le champ d'expérimentation majeur où l'enfant se sentira soutenu dans la confiance que les enseignants mais aussi les parents lui accorderont. J'insiste : si les uns *et* les autres la lui accordent. Quant à l'adolescence, cet âge crucial des « premières fois » et des « prises de risque », il faudra bien que les parents luttent intérieurement contre leur crainte des dangers, qu'à cet âge leur enfant ne manquera pas de rencontrer, pour lui laisser faire suffisamment d'essais et si possible sans trop d'erreurs.

Je propose donc avant tout aux parents de retenir que : « L'enfant lit beaucoup sa confiance en lui dans le regard de sa mère et dans celui de son père. »

Comment alors lui montrer que vous avez confiance en lui ?

Il est possible de le faire de trois manières, l'une relevant de l'amour que vous lui portez, l'autre relevant plus du bon sens, la dernière de la logique.

## *La part de l'amour dans la confiance en soi*

Qui peut douter que l'amour qu'un autre vous porte vous donne confiance en vous ? Les amoureux le savent bien, l'amour que l'on ressent pour l'autre mais surtout l'amour que l'on ressent de l'autre peuvent vous faire soulever des montagnes. Dès bébé, l'enfant prend confiance en lui par l'amour que ses parents lui portent. Ceci s'observe très tôt lorsque l'enfant commence à explorer le monde autour de lui avec le soutien du regard parental bienveillant. Sa capacité de prendre confiance en soi grâce à cet amour parental s'observera lors des premières expériences de séparation. Si vous envisagez la crèche, puis la maternelle, avec suffisamment de joie et de confiance dans le fait que votre enfant pourra s'y sentir bien, il le fera lui-même beaucoup plus facilement, avec suffisamment de confiance. Vous avez le droit de vous sentir un peu anxieux face au monde nouveau auquel votre enfant sera confronté, mais si, intérieurement, pour son bien, vous savez qu'il est utile qu'il l'explore, vous lui transmettez sans même vous en rendre compte la possibilité qu'il construise sa confiance personnelle. En créant un bon lien affectif, en autorisant votre enfant à se détacher de vous et en stimulant son envie de découvrir le monde, vous posez le trépied de la confiance en lui[3].

## *La part du bon sens dans la confiance en soi*

Pour donner confiance à l'enfant, il est également utile de tenir le langage du bon sens, tout simplement en l'encourageant dès que l'opportunité s'en présente : encouragez ses élans, valorisez mais ne survalorisez pas, avons-nous déjà dit. Chacun sait que le meilleur moteur de la confiance en soi pour l'enfant, dans l'instant et sur le long terme, « c'est le plaisir et les encouragements quotidiens des parents[4] ».

Beaucoup de parents ont malheureusement tendance à faire l'inverse : se concentrer plus sur les faiblesses de l'enfant que sur ses forces, plus sur ce qu'il ne réussit pas, sur ce qu'il n'arrive pas à faire et que vous pensez qu'il devrait faire que l'inverse. Lorsqu'il rentre de l'école avec son carnet de notes ou le commentaire de son professeur sur son carnet de classe, ne regardez pas tout de suite là où les notes ont baissé ou sont mauvaises, ne vous focalisez pas sur le commentaire négatif, penchez-vous plutôt sur ce qui est souligné comme un effort. Contrôlez votre tempérament plutôt pessimiste, surtout s'il en a lui-même un peu hérité, vous savez que cela vous a rendu malheureux. Votre amour pour lui peut sûrement vous amener à souhaiter qu'il n'en soit pas de même pour lui.

De l'art de transmettre

Antoine et Gaspard, deux cousins, âgés l'un et l'autre de 8 ans, jouent dans le jardin de leurs grands-parents. Leurs pères respectifs les observent. Antoine voudrait plutôt taper dans un ballon et faire du foot avec son cousin ; Gaspard, ayant saisi la raquette que lui a offerte son père, aimerait plutôt faire une partie de tennis improvisée et sans filet. Trois attitudes sont alors possibles :

- Les pères de ces deux garçons, ne voulant pas prendre parti pour l'un ou pour l'autre, les laissent se débrouiller au risque que cela se termine en bagarre. Leur attitude peut paraître un peu lâche.
- Le père de Gaspard fait un commentaire négatif à son fils : « Tu as toujours peur de taper dans un ballon et de prendre des coups… Tu pourrais au moins faire un effort. » Si le père d'Antoine avait été plutôt négatif, il aurait alors pu dire : « Tu ne sais que taper avec les pieds dans un ballon, tu pourrais apprendre autre chose. »
- Le père d'Antoine, qui est d'un caractère positif et essaie de transmettre ce trait à son fils, dit : « C'est bien, je sais que tu aimes le foot et que tu commences à bien jouer, je crois que c'est pareil pour Gaspard en ce qui concerne le tennis. Vous allez comme ça pouvoir vous apprendre l'un à l'autre ce que vous savez le mieux faire. Qui veut commencer ? »

Il aurait été préférable, pour donner confiance à son fils, que le père de Gaspard ait eu la même attitude. Stimuler un enfant sans lui mettre la pression, l'encourager à entreprendre ce qu'il désire faire pour se sentir réussir à ses propres yeux et aux yeux des autres, savoir parler avec lui des « petits secrets » de sa réussite, lui permet d'affronter ses craintes et d'accepter de tenter de nouvelles « aventures ». Rappelons ici que savoir valoriser son enfant, sans le survaloriser, n'est pas contradictoire avec des critiques. L'enfant a besoin d'entendre des compliments sur ce qu'il fait de bien pour pouvoir le refaire et d'entendre des critiques ou des reproches sur les erreurs qu'il a commises afin de pouvoir changer d'attitude.

## *La part de la logique dans la confiance en soi*

D'un point de vue logique, nécessitant que chaque parent y réfléchisse, la troisième manière de donner confiance à son enfant et de le rendre fier de lui repose sur trois constats issus des connaissances psychologiques acquises ces cinquante dernières années.

Premier constat, un enfant qui sait suffisamment, et avec efficacité, se protéger des dangers qui peuvent surgir venant du monde extérieur ou faire suffisamment face à ces angoisses personnelles, prendra de plus en plus confiance en lui. Nous possédons en nous, depuis que nous sommes enfants, différentes ressources personnelles, mentales et comportementales pour nous protéger des difficultés de la vie. Ces « forces intérieures[5] », véritables outils de notre panoplie interne, sont nombreuses, mais certaines sont plus efficaces que d'autres. Il appartient au parent de connaître la manière dont elles se construisent progressivement au cours de l'enfance et de l'adolescence, d'en connaître tout le répertoire, afin d'apprendre à son enfant à exercer les meilleures, et à bon escient, dans les différentes circonstances de sa vie où il s'est senti en danger. Votre enfant par exemple peut se plaindre de ne pas être choisi par ses camarades pour jouer. Il en souffre et à vos yeux s'en sent souvent humilié. Il se défendra de ses sentiments désagréables par des stratégies défensives mentales par le déni de son désir (« Je m'en fiche, je ne voulais pas jouer avec eux »), par la projection de sa peur ou de son agressivité sur les autres (« C'est parce qu'ils ont peur que je joue mieux qu'eux »), par l'identification (« Les bons élèves de la classe ne jouent pas ce jeu »), ou par la sublimation (« Je préfère lire que jouer à ces jeux idiots »).

On sait aujourd'hui que ces moyens, dont dispose l'enfant pour se sentir plus fort, émergent au cours des différentes étapes de l'enfance puis décroissent plus ou moins fortement. Trois ont été particulièrement bien étudiés[6].

• *Le déni,* c'est-à-dire le fait de nier inconsciemment ce qui se passe ou ce que l'on ressent, constitue la première ressource dont l'enfant dispose. Il s'agit simplement de nier une pensée, un sentiment, une perception, se manifestant par la capacité inconsciente, à la fois de regarder et de ne pas voir, pour se protéger de ce à quoi on pourrait être confronté. Le prototype de cette ressource s'observe dès le plus jeune âge. Elle peut se construire comme le résultat d'un retrait d'attention par rapport au monde extérieur, le protégeant des dangers qu'il représente. Le bébé montre cette capacité de retrait très précocement en se plongeant dans le sommeil, ne supportant pas et ainsi, mentalement, n'acceptant pas le stress de l'attente de la nourriture ou du câlin. Cette attitude de retrait et de déni de l'angoisse suscitée par un désir irréalisable est dominante entre 1 et 6 ans pour normalement, non pas disparaître, mais devenir plus rare à partir de 10 ans. Ce moyen réapparaîtra néanmoins assez fortement au moment de l'adolescence.

• *La projection,* attitude mentale qui fait que l'enfant refuse ses sensations ou ses pensées agressives ou anxieuses en les attribuant aux autres (« Ce n'est pas moi, c'est l'autre »), est utilisée souvent lorsque l'enfant se sent en faute, elle apparaît peu à peu au moment de l'acquisition du langage pour ne diminuer qu'à la fin de l'adolescence.

• Quant à *l'identification,* ses débuts commencent par des attitudes d'imitation pour croître progressivement tout au long de l'enfance puis de l'adolescence. Elle s'atténuera lorsque le sujet se sentira beaucoup plus autonome.

Progressivement, l'enfant puis l'adolescent vont posséder toutes ces ressources mentales, dont l'être humain peut disposer (vingt-sept ressources ont ainsi été répertoriées), allant de l'anticipation au recours à autrui, de l'humour au refoulement, du refuge dans la rêverie à la fuite[7].

Les parents peuvent ainsi les reconnaître chez leur enfant et lui apprendre à privilégier l'utilisation de celles qui permettent d'apaiser le mieux et de réduire le plus agréablement possible les tensions ainsi que de se sentir plus à l'aise et plus aimable dans sa vie relationnelle avec les autres. Il est bon d'apprendre à l'enfant en âge de le comprendre et en l'utilisant vous-même que, lorsqu'un autre vous embête, vous agresse même, lui répondre par l'humour est un bien meilleur choix que l'agresser verbalement ou physiquement. La première attitude désamorce l'agressivité, la seconde l'amplifie par une réponse en miroir. À travers le jeu ou le sport, il est possible de faire prendre conscience à l'enfant, qu'il est meilleur d'anticiper ce que l'on a à faire ou ce que va faire votre partenaire ou votre adversaire que d'attendre passivement et souvent agressivement ce qui va se passer. Il est meilleur aussi de savoir avoir recours à autrui pour soi-même ou pour l'autre dans un mouvement de véritable altruisme que de se renfermer sur soi-même ou de s'isoler. On peut ainsi apprendre à l'enfant, de façon concrète et si possible ludique, qu'il existe des moyens plus appropriés que d'autres de faire face aux situations qui l'inquiètent. Vous lui faites ainsi découvrir, en n'oubliant pas de lui montrer ou de lui demander comment il a pu le faire, quels sont les secrets de sa réussite. Vous lui donnerez ainsi une fois de plus confiance en lui.

Deuxième constat : chaque parent soucieux de favoriser la confiance en soi d'un enfant doit savoir trouver un bon équilibre entre la valorisation de son enfant par un jugement de valeur positif sur ce qu'il est (« Tu es courageux, tu es sage, tu es généreux, tu es serviable, etc. ») et une estimation de ses compétences ou ses résultats (« Tu as réussi à bien répondre aux problèmes que tu avais avec tes camarades, ton humour a fait rire ton ami, etc. »). On peut dire par moments à un enfant qu'il est intelligent, mais il faut aussi souvent savoir lui dire qu'il a fait des efforts, qu'il a compris la question qui lui était posée et qu'il y a donné la bonne réponse. Cela sera beaucoup plus utile au-delà du seul aspect scolaire. Il en profitera au cours de sa vie future. Vous pouvez associer cette attitude à la précédente. Par exemple, vous pouvez dire avec humour à votre adolescent qui a besoin d'être rassuré sur ses capacités intellectuelles qu'un camarade agressif a bêtement mises en doute : « Connais-tu la phrase d'Einstein ? Il y a deux choses qui n'ont pas de limites, l'univers et la bêtise de certains. Mais l'univers, on n'est pas sûr ! »

Troisième constat : un enfant qui manifeste un comportement où il s'est montré responsable dans une tâche que ses parents lui avaient confiée, dans un choix où il aurait été plus facile de se dérober ou de ne penser qu'à son propre intérêt, est fier de lui et par là même renforce sa confiance en lui. Une relation étroite existe entre la confiance en soi et le sens des responsabilités.

L'acquisition progressive mais précoce du sens des responsabilités favorise la confiance en soi et réciproquement. Elle fera que votre souci important, en particulier pour sa scolarité, mais plus généralement pour qu'il sache s'affirmer dans la vie lui évitera de douter de lui. Un enfant doutant trop de lui, aussi doué soit-il, aura des difficultés scolaires, pourra perdre ses moyens dès qu'il se sentira en position d'être jugé et sera mal à l'aise dans ses relations sociales. Un cercle infernal s'installera alors, exprimé, explicitement ou non, par l'enfant puis par l'adolescent : « Je n'ai pas confiance en moi, je n'y arrive pas, je ne sais pas être responsable de mon travail et de ce que je dois faire, je ne me fais pas plaisir, je ne fais pas plaisir à mes parents, je ne suis pas un enfant satisfaisant, j'ai bien des raisons de ne pas m'estimer. Je n'ai comme seule ressource que d'échapper aux situations où je dois me montrer responsable. »

Les enfants responsables sont fiers de l'être et renforcent leur confiance en eux. Cómment alors favoriser leur sens des responsabilités ?

*Chapitre 14*

# DES ENFANTS RESPONSABLES, C'EST POSSIBLE

S'épanouir sans être responsable serait-il devenu un fondement négatif de l'éducation contemporaine ? Le sondage IFOP auprès des jeunes de 16 à 30 ans, cité précédemment, révèle un paradoxe : la grande majorité des jeunes (76 %) ont confiance dans leur avenir personnel alors qu'ils en ont peu (35 %) dans celui de la société française. Ce décalage n'est pas propre à la France. Nos sociétés contemporaines auraient-elles transmis un message négatif : celui de ne plus pouvoir être responsable de son destin et donc de ne plus souhaiter se sentir responsable et par là même d'exercer des responsabilités ? Ce sondage révèle en effet qu'il n'y a que 12 % de ces jeunes pour qui la réussite professionnelle, c'est avant tout exercer des responsabilités.

Pourtant, donner à son enfant le sens des responsabilités est lié au désir d'en exercer et ceci peut se faire dès le plus jeune âge. Quel parent n'a pas constaté la fierté, le plaisir, le sentiment de liberté que l'enfant ressent quand il se sent responsable d'une tâche qu'il a à exécuter ou de la charge d'un petit frère ou une petite sœur qu'il a à garder ? Cette responsabilité lui donne confiance en lui et un sentiment de liberté. « Il y a une route moyenne où j'essaie de marcher, disait à Socrate Aristippe de Cyrène. Cette route ne passe ni par le pouvoir ni par l'esclavage, mais par la liberté, qui est le grand chemin du bonheur. » Certains d'entre vous ont peut-être vu cette scène du film consacré à Ray Charles qui devenu aveugle à l'adolescence, se heurte à un meuble dans son salon, tombe par terre et appelle sa mère paniqué. Celle-ci n'est pas loin mais stoïquement, pleine d'amour mais aussi de bon sens et de logique, ne court pas à son aide, le laissant trouver ses propres ressources pour se débrouiller, car elle anticipe le fait qu'elle ne sera pas toujours à ses côtés.

## L'enfant n'a pas le sentiment de responsabilité ?

« Il est trop jeune pour savoir ce qu'est être responsable », « Il sera bien temps qu'il prenne des responsabilités », « Je ne veux pas qu'il se culpabilise » sont des idées que certains parents défendent et qui méritent d'être discutées. N'oubliez pas : lorsque vos parents vous ont laissé partir acheter seul pour la première fois une baguette, vous avez probablement eu un peu peur mais en avez été fier.

L'accès à l'autonomie et à la responsabilité, pour un enfant puis un adolescent, se fait de manière progressive et graduée. Il est vrai que dire à un enfant : « Sois responsable » peut susciter chez lui une certaine incompréhension. La responsabilité ne peut pas se décréter, elle doit se prendre. Toutes les occasions sont bonnes pour qu'un enfant en saisisse l'expérience. Conçu ainsi, très tôt, il est possible d'éduquer l'enfant, en profitant de toutes les situations qui s'offrent dans la vie quotidienne, pour que se construisent en lui le goût des responsabilités. Comment cultiver assez tôt ce goût ?

• Lui donner la possibilité d'accomplir des petits actes et des petites tâches qu'il remplira lui-même, même s'il y a quelques bêtises à la clé. On peut, dès que l'enfant est un petit peu plus sûr de sa marche (entre 18 et 24 mois), lui confier, d'abord en l'accompagnant puis ensuite en restant à distance, la possibilité de rapporter avec précaution ses couverts, une assiette ou un verre à la cuisine ou lui demander de ranger le jouet dans un endroit qui lui est destiné après qu'il l'a utilisé. S'il fait tomber l'assiette qu'il transporte, renverse le verre où il restait encore un peu d'eau ou bien s'il met de l'eau partout dans la salle de bains en se lavant les mains tout seul, ne le punissez pas, au contraire rassurez-le en disant que cela arrive à tout le monde et que vous êtes prêt à lui confier la même tâche quand il le désirera.

• Ne vous hâtez pas de résoudre les problèmes des enfants à leur place quand vous avez le sentiment qu'ils peuvent le faire par eux-mêmes.

• Ne craignez pas qu'ils se trompent, c'est une opportunité pour eux d'apprendre à faire des choix entre ce qu'il est bon de dire ou de faire et ce qui a des conséquences négatives. Il n'y a pas d'essai sans erreur. Si un enfant s'est montré responsable en prenant l'initiative de faire ou de dire, ce qu'il aurait pu, parce que cela était plus facile, ne pas dire ou ne pas faire, ne le découragez pas ou ne le lui reprochez pas. Il est lui-même déçu ou triste, soyez empathique avec lui. Montrez que, vous-même, vous êtes désolé et reprenez, avec amour, le problème qui s'est posé et ses conséquences. Vous lui apprendrez ainsi à mieux faire ou à mieux choisir la prochaine fois et à ne pas perdre le goût de prendre des responsabilités.

Le sens de la responsabilité s'acquiert très tôt. Donner à son petit enfant de 2 ans la possibilité de manger seul, à son plus grand la responsabilité de s'occuper quelques instants de son petit frère qui commence à marcher, donner encore un peu plus tard à son enfant la responsabilité d'aménager utilement sa chambre, tout cela paraît être des petits détails de la vie quotidienne. Mais, présentés comme des responsabilités et non pas comme des ordres qu'il faut exécuter, ces actes favorisent l'acquisition de cette qualité et constitueront une prévention importante de ce qui peut se manifester plus tard comme une perte absolue du sens des réalités et une absence totale du sens des responsabilités. Cela protégera des grands dangers de l'adolescence, en particulier les addictions.

Cette acquisition précoce du sens des responsabilités sera particulièrement utile pour la suite du développement de l'enfant et quand il deviendra adolescent. Plusieurs illustrations peuvent en être données.

## « Prêt pour partir à l'école »

Comme nous l'avons dit, la responsabilité de l'enfant s'appuie sur des situations concrètes dès le plus jeune âge. Les parents convaincus de ce principe en seront récompensés plus tard. Je choisirai une situation concrète à propos de laquelle j'ai souvent entendu des parents en difficulté : « Je dois me battre pour qu'il s'habille », « Il n'est jamais prêt pour partir à l'école », « Il traînaille chaque matin ». Le temps, le matin, est souvent compté pour chacun et correspond à un rituel nécessitant une compréhension suffisante des exigences des uns et des autres. C'est le moment où jamais d'apprendre à l'enfant à se sentir responsable de soi et des autres et à comprendre les responsabilités que vous avez vous aussi en tant que parents.

L'amour parental pousse à aller au secours de l'enfant qui se réveille difficilement (souvent parce qu'il ne dort pas suffisamment bien), parce qu'il appréhende de partir à l'école ou parce qu'il a un tempérament généralement lent. Il ressentira bien mieux votre amour pour lui si vous lui manifestez votre tristesse plutôt que de la colère à la suite d'un manquement de sa part.

Le bon sens amène forcément à comprendre que si, chaque matin, en tant que parents, on se substitue à l'enfant pour qu'il arrive à l'heure à l'école, il n'aura aucune raison d'apprendre à devenir responsable de son comportement.

La logique est avant tout de lui préciser clairement ce qui relève de sa responsabilité et ce qui relève de la responsabilité des parents dans cette situation bien précise. Chaque parent doit savoir prendre le temps de parler avec son enfant pour l'aider à déterminer l'heure de son lever, l'horaire auquel il doit mettre son réveil, l'ordre dans lequel il doit aller aux toilettes, se laver, se brosser les dents, s'habiller, choisir ses vêtements (à l'âge que le parent décide), prendre son petit déjeuner préparé par un parent ou qu'il doit préparer lui-même, et enfin anticiper ce qu'il doit prendre pour sa journée scolaire (cahiers, livres, éventuellement argent de poche). Ceci est un exemple de l'importance qu'on accorde, en psychologie du développement de l'enfant, au fait d'acquérir la capacité d'articuler un objectif avec le plan d'action qui permet d'atteindre cet objectif. Ici, l'objectif est d'arriver à l'école à l'heure, le plan d'action débute les jours de classe dès le lever. Suivre un plan d'action adéquat à l'objectif fixé développe le sens des responsabilités. Savoir rendre son enfant responsable de ce qui apparemment peut paraître banal, savoir si besoin le lui rappeler, conduit tout logiquement à lui dire qu'il sera la seule personne qui souffrira des conséquences de son attitude. Mais sans oublier d'ajouter que personne n'est parfait, et que s'il lui arrive un jour d'être en retard, il connaîtra les conséquences que cela entraîne : par exemple, une difficulté pour ses parents d'arriver eux-mêmes à l'heure à leur travail, une mauvaise image de lui par ses enseignants mais aussi l'impossibilité de parler avec ses amis avant le début des cours.

## Comment rendre son enfant responsable dans un monde multimédia ?

Un autre exemple incontournable de l'acquisition du sens des responsabilités au plus jeune âge peut être illustré par le temps passé, dès 2 ans à regarder des DVD, dès

4 ans à jouer à des jeux vidéo, dès 6 ans à utiliser Internet et dès 8 ans à utiliser un téléphone portable ou un smartphone.

L'enfant a toujours envie d'imiter un sujet plus âgé. En jouant, le petit se mettra à courir derrière le plus grand. Les parents eux-mêmes s'amusent de voir leur plus jeune enfant faire le grand. Quelle mère ne s'amuse pas de voir sa petite fille faire la coquette ? Quel père n'est pas fier de voir son plus jeune participer, pas si mal que cela, à la partie de ballon de ses aînés ? Les marchands de vêtements, les banques, les industriels du jouet l'ont bien compris. Ils cherchent à créer une fidélité de leur clientèle, dès le plus jeune âge, avec des objets initialement prévus pour des plus âgés. Si les enfants adorent imiter les activités des plus grands, cela devient plus difficile pour les parents quand le jeune adolescent veut sortir comme le fait son aîné. Le conflit dans ce cas sera plus dur, parce que la différence d'âge, dans ce moment particulier, n'est alors plus ressentie par le jeune comme une limite...

Mais impossible d'y couper, aujourd'hui, des plus jeunes enfants aux plus âgés des adolescents, tous veulent des jouets high-tech : consoles de jeux en 3D, jeux sur ordinateur et le même smartphone que leurs parents. Selon une étude anglaise « Euro-kids online », 33 % des petits Européens âgés de 9 à 16 ans utilisent Internet *via* un téléphone mobile. Il existe même dorénavant un téléphone en plastique destiné aux 2-4 ans. À quand le smartphone en cadeau de naissance !

En ce qui concerne les jeux vidéo, rappelons néanmoins qu'ils peuvent aussi, comme tout jeu, favoriser l'éveil et la socialisation.

Au rang des dangers liés à l'utilisation d'Internet par les plus jeunes, l'étude « Euro kids online » signale ce qu'aujourd'hui chacun sait : « La pornographie, le harcèlement, la réception de messages à caractère sexuel, les contacts avec des inconnus, les rencontres dans la vie réelle avec ces inconnus, la lecture de contenus dangereux, le détournement de données personnelles. » L'ordinateur, le smartphone, le téléphone portable sont devenus un ticket d'accès illimité à la « toile ». Ce qui peut inquiéter, chez un enfant, c'est une mauvaise utilisation de ces nouveaux objets, en particulier une utilisation abusive. Sur Internet, beaucoup trop de données nous font perdre le fil et interrompent nos processus cérébraux, ce qui met en surchauffe notre mémoire. C'est là que le parent doit poser un cadre pour rendre l'enfant responsable. S'il communique avec son enfant, encadre l'usage global de ces nouveaux médias, par exemple explique l'usage intelligent du téléphone, regarde les applications qu'il télécharge, le risque de dérive se transforme en un intérêt et parfois même en plaisir partagé.

À l'adolescence, le problème devient plus conflictuel. Comme toujours l'adolescent cherche à s'autonomiser, à prendre des risques et à transgresser. De plus, la poussée pulsionnelle adolescente, sexuelle et agressive, saura trouver un objet de réalisation comme le montre aujourd'hui la contagion des pratiques du « *sexting* », consistant pour plus d'ados que les parents le pensent à s'envoyer des photos osées par le biais de leur smartphone, ou du « *happy slapping* », enregistrement de l'agression physique d'une personne, ensuite diffusé ou du moins partagé. À cette période de la vie, le danger aujourd'hui le plus important est celui de l'addiction à Internet et aux jeux vidéo.

Si on considère que cette tendance contemporaine à utiliser ces nouveaux objets est incontournable, certains pensent que l'addiction à Internet sera le mal du XXIe siècle[1]. La solution est-elle de constater, impuissant, qu'on a affaire à un danger de plus du monde moderne, de se lamenter sur le fait qu'on est en train de fabriquer une « génération d'abrutis » ou de se transformer en adepte de « tout était mieux avant » ? Constatons plutôt que jouer à la marelle, aux billes ou aux osselets et, plus tard, regarder « le club Dorothée » à la télévision étaient certes moins dangereux mais peut-être moins instructifs.

N'est-ce pas une meilleure démarche, qui procède d'ailleurs de la responsabilisation, que de sensibiliser son enfant dès le plus jeune âge aux risques de leur utilisation irréfléchie, avec amour, logique et bon sens ?

Comment un parent qui veut être logique, avoir du bon sens, et qui souhaite rendre son enfant à la fois heureux et responsable, réagit-il ?

L'amour parental pousse à offrir des objets high-tech contemporains pour que les enfants jouent et communiquent entre eux et aussi avec les parents. Mais un amour trop aveugle risque de pousser le parent à croire que son enfant chéri, obéissant, aura la maturité ou la rigueur nécessaires pour contrôler, seul, le temps qu'il passe devant son jeu vidéo, ou plus âgé, au téléphone. Or la réalité est souvent tout autre. Le problème est que si le parent tente de poser des limites quel que soit l'endroit où l'enfant se trouve, il risque alors de se lancer dans une bataille de contrôle des activités de son enfant qu'il perdra probablement. L'amour se transformera en critique du style : « Tu es incapable d'être responsable ! » Même si ce rappel des limites est parfois nécessaire, il n'encourage pas son autocontrôle et ne lui apprend pas à prendre des décisions par lui-même. Le cas du téléphone portable offre pourtant une belle occasion de tester ses capacités d'autogestion, qui seront essentielles quand, plus tard, il sera confronté aux choix de ses amis, à sa manière de conduire sa voiture ou aux tentations de l'alcool ou de la drogue.

Sur ce sujet, il y a plusieurs attitudes possibles empreintes de logique et de bon sens.

La logique est de profiter des questions que pose l'utilisation de ces nouveaux objets pour engager, dans un moment de calme, une conversation qui peut être entreprise sous la forme d'un débat : « Connais-tu les dangers d'utiliser abusivement tes jeux ou ton ordinateur ? Sais-tu que la majorité des sites que tu visites sont à l'origine de l'utilisation de tes données personnelles à des fins commerciales ? Partageons-nous les mêmes points de vue sur l'usage du portable ? Ne penses-tu pas que ton portable qui est toujours ouvert nous empêche de discuter calmement en prenant notre temps, qu'il t'empêche aussi d'écouter et de participer aux discussions qu'on peut avoir tous ensemble à table ? », etc. À l'issue de ce débat, ne pas oublier de le remercier d'avoir su justement discuter de ce problème avec vous et lui dire que vous espérez qu'il se sentira de lui-même responsable de ses activités et du temps qu'il y passera.

Le cas du téléphone portable ou du smartphone offre une situation adaptée pour apprendre à son enfant qu'il peut devenir responsable de son comportement et de ses choix, pour comprendre également que ces objets qu'il désire tant sont une source de plaisir, de commodités, mais aussi de responsabilité.

Par contre, vous pouvez aussi lui montrer un usage utile de ces « outils » en lui disant : « On a la possibilité de se joindre, mais si tu ne décroches pas immédiatement, je serai très inquiet. »

Le bon sens doit amener le parent à profiter de la présence de ces objets dans notre quotidien pour apprendre à l'enfant que vous pouvez comprendre et même souhaiter qu'il puisse en disposer, mais que vouloir faire comme les grands, lorsque l'on n'en est pas vraiment un, n'est pas sans risque.

Associer l'amour de son enfant, la logique et le bon sens, vis-à-vis de l'ensemble de ces nouveaux objets de communication et de jeu, consiste à s'informer *le plus tôt possible* des avantages mais aussi des inconvénients pour être conscient des risques et leur en parler : risque de ne plus pouvoir se passer de ces objets (téléphone, console, etc.) et d'en devenir dépendant. Le premier signal d'un comportement excessif est le temps passé à jouer ou à surfer sur Internet, souvent constaté par les parents eux-mêmes. En tant que parents, il y a un discours de prévention à tenir : on peut comprendre que son enfant joue ou communique en utilisant les objets de son époque mais ils seront obligés d'en limiter l'usage s'ils constatent ce signal et prendront la liberté de dire « stop ».

Il est aussi utile de leur indiquer les caractéristiques de la « cyberdépendance » qui se définit par :

- une impossibilité de résister au plaisir de les utiliser comme le font les autres ;
- une impossibilité de résister à une impulsion dans leur utilisation ;
- un sentiment croissant de tension avant d'y céder ;
- un soulagement et du plaisir dès qu'on peut y accéder.

Aux enfants plus âgés les parents peuvent expliquer que l'utilisation excessive de ces objets correspond souvent à des soucis de la vie qu'on tente ainsi d'oublier ou de mettre à l'écart. Mais ce moyen est un piège car les soucis semblent oubliés mais ils sont au fond toujours là et la solution devient un problème.

Enfin, comme pour tous les risques d'addiction, il y a aussi, avant que l'objet de la dépendance soit établi, une susceptibilité individuelle. Afin de bien faire comprendre cette notion, le parent peut donner des exemples : sensibilité ou réactivité plus ou moins forte à la douleur, la chaleur, le froid, l'alcool, etc.

## Savoir renoncer à un monde qui ne serait qu'imaginaire

Le point précédent montre combien l'enfant recherche tous les supports qui lui permettent de se réfugier dans un monde imaginaire. L'enfant a besoin de cette recherche. Le jeu que l'enfant a, de tout temps, privilégié en est le meilleur signe. Il ne s'agit donc pas de l'en priver, bien au contraire, mais plutôt de l'encadrer quand cette recherche devient excessive. Dans le cas d'un risque d'addiction, quelle qu'elle soit, trois attitudes peuvent alerter un parent sur le risque que son enfant ou son adolescent se réfugie de manière excessive dans un monde imaginaire : « Mon enfant n'aime que jouer », « Mon enfant semble tout le temps ailleurs, ses enseignants le constatent aussi », « Je me demande si mon adolescent ne fume pas souvent du cannabis et peut-être même prend-il d'autres drogues ? »

## Maman, je peux... ?

Élodie, maman d'un garçon de 10 ans, interroge au cours d'un dîner les autres parents présents sur les nouvelles consoles portables 3D Nintendo DS et Sony. Son fils, Augustin, lui a demandé une console 3D, qu'il a vue chez son meilleur ami. Le débat est ouvert. Dans la discussion au cours de ce dîner, certains parents pensent que la 3D peut nuire à la santé de leurs enfants. Une maman a lu un article où il était signalé que les jeux vidéo en 3D donnaient des maux de tête et, sur une longue durée, un déséquilibre binoculaire qui pouvait entraîner une tendance des yeux à trop converger, surtout si l'enfant y était prédisposé. À cela, un papa médecin participant à ce dîner avait lu qu'on pouvait employer la 3D à petites doses en guise de rééducation lorsque les enfants ont des problèmes de vision binoculaire. Élodie, comme les différents convives de cette soirée, est perplexe. Que va-t-elle dire à son fils ? Son choix fut le bon. Elle décide d'expliquer à son fils qu'il devait choisir entre ne pas recevoir comme cadeau cette console ou la recevoir à condition qu'il l'utilise pendant des périodes limitées qu'ils définiraient l'un et l'autre. Elle ajouta qu'il pouvait expliquer à son meilleur ami ce qu'elle avait entendu dans ce dîner qu'elle résuma simplement : « Les chercheurs n'ont pas interdit de regarder la 3D à condition de le faire à petites doses sous peine d'avoir un strabisme. » « Maman, je peux avoir une console comme mon meilleur ami », s'était transformé en : « Je suis responsable de mes yeux et je suis même responsable de ce qui peut arriver à mes amis. »

## Papa, je peux... ?

Quel enfant, garçon ou fille, n'a pas eu envie de participer à une activité du père et plus encore de s'identifier à lui, en lui montrant qu'il peut, lui-même, l'aider et même faire à sa place ? Porter un sac un peu lourd, devenir un compagnon de jardinage ou de bricolage ; en vacances, pouvoir nager et atteindre le rocher que le père s'est fixé comme objectif… tous ces choix correspondent au désir de l'enfant, certes, de s'affirmer, de s'identifier et de faire plaisir à son père, mais ils manifestent son envie de se sentir responsable d'une activité que l'enfant considère comme une preuve de force et de capacités qu'il souhaite acquérir. Les pères ne proposent pas assez souvent aux enfants de participer à leurs activités. Ils considèrent qu'ils sont les seuls capables de les réaliser (l'orgueil masculin n'est pas mort), ils veulent être « tranquilles » ou, tout simplement, ils pensent que l'enfant ne sera pas capable d'être suffisamment responsable dans la tâche qui pourrait lui être confiée. Ces pères-là ont parfois raison, mais ils ont souvent tort et, surtout, ils ne se préoccupent pas assez du rôle important qu'ils ont de donner à leur enfant la possibilité de se sentir responsable, au prix d'erreurs éventuelles, mais au bénéfice d'une grande fierté si l'enfant réussit. Paradoxalement, les pères en seront fiers aussi.

## Savoir ne pas faire à leur place

Frédéric accompagne son fils, Antoine, âgé de 4 ans dans l'atelier pour enfants de son quartier. Il sait qu'il ne doit pas l'aider mais ne peut s'empêcher, en se cachant un peu de l'animatrice, de finir à sa place la poterie qu'il a beaucoup de mal à rendre présentable. Antoine se fâche et s'effondre en pleurs. Frédéric ne comprend pas ce qui lui arrive. Il croyait bien faire et valoriser son fils par le chef-d'œuvre qu'il fantasmait. De toute évidence, Antoine n'a qu'une parenté très lointaine avec Rodin ou Giacometti. Frédéric aime tellement que son fils soit heureux. Le problème est que son amour ne prend pas en compte la logique d'un petit garçon de 4 ans. Antoine était tout simplement heureux de manipuler de la glaise sous le regard protecteur de son papa et probablement fier de son ouvrage. L'ambition de créer une œuvre digne d'un sculpteur était à cent lieues de son esprit. Le geste de son papa a été vécu comme une intrusion agressive, tout l'inverse de ce que Frédéric souhaitait.

L'enfant fait ce qu'il sait faire, tout simplement, ni plus ni moins. Il sait demander aux parents de l'aider, il sait refuser leur aide pour s'opposer mais il se sent aussi, en rapport avec son âge, blessé quand son parent fait à sa place. Au fond, c'est logique. Une fois de plus, il faut savoir trouver la bonne mesure entre l'amour et la logique.

## Savoir leur parler

Il est important aujourd'hui de savoir parler à ses enfants, beaucoup plus ouverts au monde et informés des problèmes de la vie. Cette sensibilisation favorise incontestablement leur capacité à partager les responsabilités de leurs parents et par là même à se sentir eux-mêmes plus responsables. Mais, parfois, les parents hésitent à aborder certains sujets, craignant de susciter une angoisse. N'est-ce pas une forme d'erreur, car les enfants aujourd'hui sont plus ou moins directement informés des difficultés de la vie, dès un âge précoce. Quels sont donc ces problèmes que les parents sont réticents à aborder ?

## *Les questions d'argent*

> Lola fait des courses au supermarché avec sa grand-mère. Cette dernière ouvre son porte-monnaie pour payer ce qu'elle a acheté, Lola lui dit : « Quand on est vieux, on a beaucoup d'argent. » Gênée probablement d'avoir dit à sa grand-mère qu'elle était vieille, Lola ajoute avec finesse : « Quand je serai vieille, j'aurai beaucoup d'argent. » La grand-mère de Lola s'amuse de cette réflexion et comprend que les questions d'argent intéressent sa petite-fille. Elle relate cette anecdote aux parents de Lola en leur disant que leur fille s'intéresse sûrement à ce que représente l'argent, à ce que c'est que d'avoir le sentiment d'en avoir suffisamment ou d'en manquer et qu'ils peuvent sûrement à l'occasion en parler avec elle.

Les parents aujourd'hui n'ont sans doute plus la même inhibition, la même culpabilité ou le même interdit à aborder les questions d'argent que les générations précédentes pouvaient avoir, en raison de leur éducation. Sans être mal élevé, pénible ou indécent en parlant constamment d'argent, faire de celui-ci un tabou est peu compatible avec les exigences de la vie moderne. L'enfant en entend parler très tôt par ses parents, par la télévision, par les commerçants chez qui il se rend, à l'école, par ses camarades ou les parents de ces derniers.

Pourquoi faire de l'argent un sujet tabou qui vous amènerait à le proscrire de toute discussion avec votre enfant ? Parce qu'il arrive un moment dans sa vie, généralement à partir de 5-6 ans, où chaque enfant commence à se sentir responsable de ce que ses parents dépensent pour lui. La raison en est aussi que, tôt ou tard, mais cela est votre choix, ainsi du reste que le montant, vous donnerez à votre enfant de l'argent de poche.

Comment alors lui en parler ? L'amour à son égard doit vous conduire à ne pas l'inquiéter exagérément. Cet amour vous amène aussi à être attentif à son âge et en fonction de celui-ci (à partir de 5-6 ans), à donner à votre enfant le sens les responsabilités de ce qu'il désire, de ce qu'il peut ou ne peut pas obtenir. L'argent de poche en est un exemple. Aujourd'hui, chaque parent doit décider selon ce qu'il pense de l'âge à partir duquel il peut donner de l'argent de poche même de façon très modique. Je pense que c'est possible dès 6 ans afin de rendre l'enfant conscient et responsable.

Le bon sens permet de ne pas aborder avec son enfant des questions qui ne le regardent pas ou dépassent de très loin ses possibilités d'agir. L'enfant ne doit être ni un confident ni un témoin sur ce sujet. Il n'est pas utile de lui dire que votre rôle principal est de rapporter un salaire à la maison ou encore moins d'en faire le témoin de vos difficultés de couple en lui disant : « J'attends encore le salaire ou la pension de ton père ! » Néanmoins, vous pouvez lui dire, dès que vous le sentez en âge de comprendre, que toutes les choses ont un prix et qu'il faut de l'argent pour pouvoir les payer. Parler d'argent, c'est lui permettre d'être associé à l'effort familial, ce qui d'une manière générale le responsabilise et lui donne un sentiment gratifiant. C'est aussi l'occasion de réfléchir sur vos valeurs, sur l'injustice dont l'argent est parfois le signe et sur notre société.

La logique peut être un appui pour expliquer et ainsi faire réfléchir votre enfant sur le fait que l'argent a plusieurs fonctions, par exemple celle de payer ce qui est indispensable (la nourriture, les vêtements, etc.) et celle de payer ce qui rend la vie agréable et fait plaisir. Vous pouvez aussi lui expliquer que cela ne sert à rien d'être très riche, comme il peut parfois le fantasmer ou être séduit par les idoles que certains médias présentent volontiers comme les gens les plus riches et les plus heureux du monde. Vous savez en tant que parent, par expérience de la vie, qu'un vieux dicton correspond à une réalité : « L'argent ne fait pas le bonheur... mais il y participe au milieu de beaucoup d'autres facteurs. » Si votre enfant a du mal à en être convaincu, vous pouvez facilement lui montrer que, face à une maladie grave, à un accident, à une catastrophe naturelle plus encore face à la mort, l'argent est bien loin des préoccupations de ceux qui sont touchés par ces traumatismes de la vie. Il est bon d'illustrer cette discussion avec votre enfant par des situations concrètes que vous avez pu observer.

En cas de difficultés financières et matérielles, ne faites pas comme si de rien n'était, par peur qu'il en souffre. Il n'est pas dupe, il peut très bien comprendre une explication logique qui vous amène à ne pas lui proposer les vacances que d'autres peuvent avoir ou l'amener à faire des choix entre, par exemple, un vêtement et un jouet. Vous l'aurez ainsi intelligemment rendu responsable et lui aurez permis de partager avec vous les contraintes de l'effort que chaque membre de la famille doit faire.

## *Les questions de sexualité*

Les enfants d'aujourd'hui vivent dans un monde d'images hypersexuées, ils ont accès très tôt aux films ou aux sites pornographiques. Les enfants d'aujourd'hui sont-ils devenus des pervers, des obsédés, des exhibitionnistes ? « Non, ils ne font que répercuter le monde déboussolé dans lequel ils vivent, qui a instauré un nouvel ordre sexuel dont plus personne ne se scandalise, à commencer par le déferlement pornographique auquel les enfants ont accès de plus en plus jeunes », s'indigne le psychanalyste Gérard Bonnet[2]. Aux parents de savoir que discuter de la sexualité ne doit plus être un tabou et que, sur ces questions également, les enfants doivent aussi apprendre à devenir responsables, vis-à-vis d'eux-mêmes et vis-à-vis des autres.

Parler de sexualité à ses enfants n'est pas facile contrairement à ce qui est parfois présenté par certains. Alors, comment aborder ce sujet avec amour, logique et bon sens ?

L'amour pour son enfant conduit à rechercher le bon moment et les bons mots, sans en dire trop, sans entrer dans les détails sur les pratiques sexuelles, sans culpabiliser si l'enfant pose des questions, ni être intrusif si on sent que la discussion le gêne.

La logique consiste à ne pas aborder uniquement l'éducation sexuelle sous l'angle de la prévention. Si votre jeune adolescent vous demande ce qu'est une fellation, une sodomie ou l'échangisme, serait-ce associer amour et logique que de lui répondre sous l'angle purement technique ? La sexualité n'est pas qu'une affaire technique, vous le savez, en tant qu'adulte. La sexualité engage des sentiments, des émotions, le jeu du corps et les enjeux du corps et de l'esprit. Il faut savoir clairement dire que derrière tout acte sexuel, il y a une rencontre mais reconnaître qu'il n'y a pas toujours de l'amour, même si on le souhaite. Ceci est surtout vrai avec les adolescents contemporains. Ceux-ci peuvent être entraînés vers des pratiques aventureuses qui risquent de les traumatiser. Le témoignage d'une mère dans la revue *Psychologies Magazine*[3] illustre un tel danger : « L'ex-petite amie de mon fils, 17 ans, lui a proposé de faire l'amour à trois avec un nouveau mec. Il a accepté, trouvant même l'idée amusante. Trois mois après, il s'est retrouvé à l'hôpital psychiatrique, en crise de délire, répétant inlassablement qu'il ne voulait plus voir à quel point les gens étaient sales. » Sylvain Mimoun, gynécologue et psychosomaticien, commente : « Le jeune a pu vivre cette expérience comme normale sur le plan social, mais son inconscient, lui, n'était pas prêt : il a été véritablement "effracté", au sens psychique du terme[4]. » Je partage totalement ce point de vue. Ni la télévision, ni Internet, ni même l'école n'ont un rôle d'éducateur comme un parent peut l'avoir.

Le bon sens serait perdu si on laissait l'enfant ou l'adolescent sans balises sur un sujet aussi important. Le bon sens serait aussi perdu, si on anticipait trop la curiosité de l'enfant. Sylvain Mimoun conseille de commencer à répondre à leurs questions dans une relation de confiance, vers 7-8 ans, sans s'appesantir, car souvent ils veulent juste en savoir un peu. Vers 9-10 ans, âge où ils risquent aujourd'hui de tomber sur une image pornographique, il faut aborder franchement la question. À l'adolescence, le dialogue doit se poursuivre, et l'important est de parler

« vrai ». Le bon sens suggère également que le parent, si possible en présence de l'autre, qui parlera de ces questions soit celui qui se sent le plus à l'aise.

## *Les questions autour de la maladie grave et de la mort*

L'enfant prend conscience de l'importance d'une maladie grave et du fait que la mort fait disparaître définitivement un être vers l'âge de 4-5 ans. Il pourra alors vous poser des questions du style : « C'est quoi la mort… ? Que devient-on après ? », etc. En revanche, la prise de conscience potentielle de sa propre mort ne devient effective et angoissante qu'à partir de 7-8 ans. Ces deux sujets, la maladie et la mort, nourrissent de nombreux contes et jeux, tout au long de l'enfance. Beaucoup de récits d'histoires d'enfants ou de films même pour tout-petits, mettent en scène ces sujets ; « Je suis le docteur », « T'es mort ! » font partie des jeux fréquents d'un enfant de 3 ans. Mais, le déroulement classique de ces récits, films ou jeux, prévoit toujours un sauveur doté d'un pouvoir magique qui vient guérir ou ressusciter un personnage. « Je l'ai sauvé », « T'es guéri ! », « T'es plus mort ! » Le déni de la réalité, la pensée magique et la toute-puissance infantile, caractéristiques du jeune enfant, lui permettent ainsi de contrôler ses angoisses d'abandon, de disparition ou de séparation.

Cela ne signifie pas que l'enfant ne perçoive pas le retentissement d'un problème grave sur ses parents et le changement d'expression, d'attitude et de comportement induit par la situation. Il perçoit parfaitement le changement d'atmosphère dans la famille ou entend des conversations dont il ne comprend pas toujours précisément le contenu, mais dont il peut saisir le sens.

L'amour du parent pour son enfant le conduit à se soucier de ce que celui-ci peut ressentir et à se montrer attentif aux questions ou aux manifestations directement ou indirectement exprimées : problèmes de sommeil, d'appétit ou, chez un enfant plus âgé, problèmes de comportement à l'école ou même de chute d'efficience scolaire.

Le bon sens consiste à répondre aux questions posées, de la façon la plus simple, la plus calme et la plus claire possible. « Pourquoi papa reste toutes les journées à la maison ? », « Ton papa a mal à la tête… Il doit se reposer… Il doit aller à l'hôpital, pour être bien soigné et prendre des médicaments… »

La logique veut que votre discours ne soit pas en contradiction avec les faits ou avec ce que l'enfant peut entendre par ailleurs. « Où va-t-on quand on est mort ? », vous demande-t-il à propos de votre voisine qu'il aimait beaucoup et dont vous avez parlé devant lui, sans y faire attention, en disant à votre mari : « Elle va très bientôt mourir. » Selon que vous êtes croyant ou non, votre réponse variera. Que vous disiez : « Elle va monter au ciel, nous ne la verrons plus, mais elle sera toujours là-bas quelque part pour nous protéger », ou que vous disiez : « On pourra toujours penser à elle et en garder des bons souvenirs », cela aidera l'enfant à réaliser et admettre qu'il ne rencontrera plus la personne concernée et atténuera la douleur de sa disparition.

Lorsqu'il s'agit de la maladie grave ou de la mort d'un proche de la famille, frère, sœur, parent, grand-parent, il est généralement recommandé, sauf si l'enfant s'y oppose, de lui permettre de faire des visites à l'hôpital (pas trop nombreuses, bien sûr) ou d'assister à l'enterrement. J'ai souvent entendu des enfants et même des adolescents reprocher plus tard à leurs parents de ne pas les avoir fait participer à ce qui les concernait eux aussi. Par contre, si l'enfant anxieux paraît très troublé, il est préférable de lui éviter des images trop inquiétantes comme la mise en bière ou l'enterrement proprement dit qui touchent aussi tout adulte.

## *Les questions sur le travail et l'équilibre de vie*

J'ai toujours été frappé de voir beaucoup d'enfants ou d'adolescents ne pas connaître précisément le travail que faisaient leurs parents alors que ceux-ci l'interrogeaient régulièrement sur son travail à l'école, au risque de l'énerver. Le monde du travail concerne bien évidemment les adultes, mais, dès petits, les enfants en entendent plus ou moins parler en famille. Ce monde qui leur est étranger doit-il pour autant rester mystérieux ou inconnu ? Je pense le contraire, à condition toutefois de ne pas en brosser un tableau trop négatif. L'enfant peut profiter de ce que les parents disent, cela le valorise, il se sent comme un « grand » à qui ses parents font partager leur propre vie. Une vraie preuve d'intérêt qui le fait se sentir suffisamment responsable pour comprendre le monde qui l'entoure et le prépare évidemment à son avenir. Cela permet aussi d'expliquer concrètement les questions d'équilibre entre vie privée et vie professionnelle, et, une fois de plus, de le rendre responsable quant aux questions de société. Les horaires de travail des parents, leur disponibilité, leurs intérêts pour une revue ou pour une émission télévisée, pour raison professionnelle, seront d'autant moins source de frustration ou d'insatisfaction si l'enfant en comprend précisément les raisons. Pour les plus âgés, et en particulier les adolescents, le travail et l'équilibre vie privée-vie professionnelle peuvent être un sujet de débat en famille. Vous pouvez même demander son point de vue à votre enfant en lui montrant que chaque génération, celle de ses grands-parents, celle des parents actuels et, sans doute, la sienne dans l'avenir pourront avoir exercé plusieurs métiers ou avoir réparti leur temps entre la vie privée et la vie professionnelle, de façon différente comme l'illustre cette enquête. À la question : « Quels sont les principaux objectifs d'une carrière professionnelle ? » en 2010-2011, un échantillon de 27 000 étudiants a répondu à plus de 50 % : « L'équilibre entre vie privée et vie professionnelle. » Une réponse suivie de loin par « être dirigeant ou encadrer une équipe » par seulement 36 % de ces étudiants des universités et des grandes écoles qui montrent ainsi une saine réaction et une lucidité face à la « génération Tapie », déjà parents du passé[5]. Les parents d'aujourd'hui peuvent s'inspirer de ce sondage pour rendre responsables leurs enfants quant à l'importance d'un équilibre humain entre la vie privée et la vie professionnelle.

Au total, les parents peuvent parfois, beaucoup plus qu'ils ne le croient, favoriser chez l'enfant la construction de son sens des responsabilités et ceci depuis qu'il est tout petit puis en s'adaptant à l'âge de l'enfant. Je résumerai les principes qui permettent de suivre cet objectif :

- Apprendre ce qu'est la responsabilité à l'enfant par l'action que vous lui proposez de réaliser et non pas par un discours moralisateur.

- Adapter les responsabilités que vous lui donnez à son âge et à ses capacités telles que vous les estimez.
- Lui offrir la possibilité de faire des choix nécessitant un minimum de réflexion, au risque qu'il fasse des erreurs.
- Transformer ses erreurs en opportunités pour qu'il change de comportement, de stratégie, face à une situation identique, le rendant ainsi plus confiant en lui.
- Lui permettre de ressentir de la fierté en exprimant objectivement, clairement et sans emphase, votre satisfaction mais en ajoutant qu'il en est sûrement de même pour lui. Cela contribue à ce qu'il se sente fier et optimiste sur ses capacités.

Vous aurez ainsi, sans qu'il s'en rende compte, permis à votre enfant de savoir décider par lui-même et, rapidement, de réfléchir avant d'agir.

Vous aurez aussi préparé votre enfant à l'avenir. Chacun sait que les enfants n'ayant pas acquis un minimum de sens des responsabilités risquent de devenir des adolescents à problèmes puis des adultes instables. À l'inverse, en leur permettant d'acquérir ce sens des responsabilités, vous les rendez plus confiants en eux et vous favorisez leur désir de se comporter agréablement dans leur vie relationnelle et sociale.

*Chapitre 15*

# LES BIENFAITS DE LA « BONNE ÉDUCATION »

L'enfant ne sait pas d'emblée être gentil ni poli. La bonne éducation commence par l'apprentissage de la gentillesse et de la politesse. C'est de bon sens et logique. Ni la gentillesse ni la politesse ne sont innées. La gentillesse s'acquiert en apprenant à respecter l'autre, à l'aider, à l'écouter, même si cela vous demande un léger effort. La politesse correspond à des règles, différentes selon les cultures, qui s'apprennent progressivement. Le rôle des parents est ici fondamental.

## La gentillesse n'est pas une faiblesse

Vous savez que vos enfants seront appréciés demain dans leur vie sociale, dans leur vie professionnelle pour leur capacité de conciliation, leur intérêt pour les autres et leur ouverture d'esprit. Comment les y préparer ? Est-ce en leur disant que le monde est un monde de requins, qu'il faut avant tout se battre pour ne pas se faire avoir et ne jamais laisser sa place à un autre mais qu'en effet le monde n'est pas un doux cocon ? Il est sûrement préférable de les aider à exprimer ce qu'ils ressentent lorsqu'on a été désagréable avec eux, qu'on leur a dit des mots grossiers ou parfois même insultés afin qu'ils prennent conscience de ce que l'on peut ressentir lorsqu'ils risquent parfois eux-mêmes d'être indifférents aux autres, grossiers ou insultants. Être bienveillant, attentif à autrui, aider quand un autre est en difficulté, sans être passif et excessivement soumis, cela s'apprend dès la petite enfance. Serge Tisseron propose en classe le jeu des « trois figures » : le professeur invite les élèves à incarner successivement une victime, un agresseur et un redresseur de torts. L'enfant doit se glisser dans la peau de chacun des trois personnages : s'il comprend ce que l'autre ressent en jouant la victime par exemple, il lui sera plus difficile d'infliger une violence. Ce jeu montre bien que l'on apprend par identification à l'autre quand on est un petit enfant. N'hésitez pas vous-même à remercier votre enfant quand il cherche à vous aider, à le féliciter lorsqu'il s'est montré attentif ou généreux à votre égard, à l'égard de son frère de sa sœur, à l'égard d'un ami de son âge ou à l'égard d'un autre adulte.

La gentillesse est sous-tendue par deux qualités humaines que l'on connaît bien et qu'on désigne en psychologie sous les termes d'empathie et d'altruisme. L'empathie est cette extraordinaire capacité à se mettre à la place de l'autre en partageant les mêmes sentiments que lui. L'altruisme est cette autre qualité de savoir répondre aux besoins des autres et de leur venir en aide.

En regardant des petits enfants jouer ensemble, nous voyons qu'ils peuvent se prendre leurs jouets, se bagarrer mais aussi s'entraider, se consoler, venir en aide à l'autre. Le parent peut montrer à son enfant plus âgé qu'en faisant preuve d'altruisme, chacun reçoit une gratification ou un bénéfice : l'estime d'autrui qui favorise l'estime de soi. Peu à peu, l'enfant comprendra que cette attitude constitue un idéal élevé et contient en elle-même sa propre récompense. L'adolescent sait, lui, que l'altruisme a parfois des motivations plus cachées, que cette attitude peut masquer un sentiment de culpabilité ou d'hostilité et détourner de l'agressivité qui est ainsi transformée en une attitude honorable. Mais il gardera en lui, l'ayant appris enfant, que cette attitude est estimable et estimée. L'adolescent montrera souvent des comportements paradoxaux. Il peut être égoïste, ignorant des autres, centré sur ses propres préoccupations et, paradoxalement, faire preuve de grande générosité, de grand dévouement et de grande attention à l'égard de ceux qui souffrent. L'engagement des grands adolescents pour des missions humanitaires en est la meilleure preuve.

## La politesse n'est pas archaïque

Si l'enfant n'en comprend le vrai sens qu'à partir de 6 ans et surtout l'utilité que vers 10 ans, la politesse s'apprend tout petit et s'acquiert quotidiennement. Savoir dire bonjour et au revoir en est l'exemple le plus basique mais qui n'est pas forcément toujours exigé par les parents. Je crois que c'est regrettable.

## *Tout commence par un bonjour*

> Un ami me raconte la scène suivante : au téléphone que lui a passé sa mère pour annoncer son arrivée dans l'heure qui suit pour une visite prévue depuis un mois, son neveu âgé de 8 ans lui dit en préambule : « J'ai mon ballon. » Cet ami a en effet promis, avec plaisir, à ce garçon de faire du sport avec lui. Cet ami, interrogatif sur mon avis poursuit : « Il n'a pas 4 ans et je lui ai dit : "Tu me dis d'abord peut-être bonjour." »
>
> Serais-je un grand-oncle odieux, me demande-t-il ? Je lui ai répondu : « Je ne crois pas. » La bonne éducation ne s'apprend pas qu'à table, elle s'apprend en toutes occasions. Pour leur avenir, bonne chance à tous ceux qui ne savent ni dire bonjour, ni dire au revoir, ni dire merci !

Il est faux de penser qu'un enfant aura tout le temps pour être poli, pour exprimer une critique sans être vulgaire. On peut regretter certains points de vue qui ne rendent pas l'enfant fier pas plus qu'ils ne le préparent à son avenir. J'ai entendu des phrases comme : « Je ne veux pas l'embêter tout petit avec des conventions », « Je ne veux pas en faire un diplomate », « Je veux qu'il soit spontané », « Il aura tout le temps pour apprendre à être poli. » Dommage pour l'enfant.

La politesse est comparable à la conduite automobile, l'apprendre nécessite un effort, une fois acquise elle est automatique. L'amour, le bon sens et la logique doivent vous amener à apprendre progressivement à votre enfant cette qualité sociale et de façon adaptée à son âge. Commencez par l'inciter tout simplement, dès l'âge de 2 ans, à dire bonjour et au revoir aux personnes qu'il rencontre, d'abord par un petit geste de la main, accompagné ensuite du mot qui correspond. Cela ne demande pas un grand effort aux parents mais doit être au départ fréquemment répété de manière non coercitive pour ne pas bloquer l'enfant. Lorsqu'il est un peu plus âgé, vous pouvez apprendre à l'enfant les règles de politesse auxquelles vous tenez, dans la vie familiale et dans la vie sociale. Dans ce domaine le modèle parental joue énormément, et sans faire preuve d'une rigueur excessive, vous pouvez ainsi montrer à l'enfant qu'il participe aussi à ce niveau à l'ambiance et aux échanges de la famille.

Si reprendre son enfant sur la politesse est astreignant et demande un effort quotidien, ce ne doit pas être non plus une obsession, la fierté qu'en tire un enfant quand un adulte le remarque en vaut la chandelle. Ce n'est pas non plus aux enseignants ou à d'autres adultes de faire ce « travail parental ». J'assistais à une journée organisée par une équipe éducative de jeunes de 14 à 18 ans qui préparent des BEP les destinant aux métiers de l'agriculture[1]. Ces formateurs soulignaient qu'ils étaient frappés par la perte assez récente de simple attitude d'un contact normal avec ces formateurs. Ils étaient quotidiennement obligés de rappeler que toute rencontre commençait par un « bonjour ».

La pire des attitudes serait d'ignorer l'insolence. S'il est fréquent qu'un enfant entre 2 et 4 ans aime dire des gros mots, dont parfois il ne connaît même pas le sens, pour provoquer, pour s'affirmer et pour faire comme ses petits camarades et les faire rire, ce n'est pas une raison pour ne pas le reprendre et encore moins pour en rire vous-même, même si parfois intérieurement cela vous amuse. Cela vous oblige aussi à éviter d'en prononcer. Si un gros mot vous échappe devant votre enfant, reprenez-vous en n'ayant pas peur de lui dire que ce que vous avez dit n'est pas bien. Ce n'est qu'un peu plus tard que l'enfant peut devenir insolent, en utilisant, entre autres, des gros mots à l'égard de ses frères ou sœurs, de ses camarades ou même à votre égard ou à l'égard d'un de ses enseignants. Exceptionnelle, cette insolence peut être pardonnée mais mérite d'être commentée. Plus régulière, elle est le signe d'un malaise si ce n'est d'un mal-être qu'il faut savoir aborder au prix parfois de devoir être aidé par un professionnel. On retrouvera souvent une ou plusieurs raisons à ce comportement qui correspond à une demande de compréhension d'un état qui ne sait pas s'exprimer, suffisamment bien, autrement.

## *Les adolescents et la politesse*

L'adolescent peut passer par des moments où sa difficulté d'exprimer ce qui l'angoisse ou ce qui le rend agressif se transformera en une attitude provocatrice d'insolence et de prestance à hauteur, malheureusement et paradoxalement, du manque de confiance en lui. Les parents doivent comprendre ce paradoxe, ce qui n'est pas toujours facile. Par amour pour leur enfant et de manière logique, ils ne doivent pas répondre en miroir à ce mouvement d'insolence, sauf si elle est d'une violence intolérable, mais au contraire montrer une apparente indifférence et surtout tenter d'aider l'adolescent à exprimer autrement ce qui le dérange. Là aussi, à cet âge, si l'insolence devient excessive, ce peut-être le signe d'un véritable malaise. Certains adolescents peuvent aussi passer par une phase de vulgarité dans leurs propos, dans leur habillement ou dans leur comportement. Ils donnent alors le sentiment que cela leur est devenu une seconde nature au point même parfois que cela semble les amuser. La majorité des garçons ou, plus souvent que par le passé, des filles s'exprimant sous cette forme sont en fait à la recherche d'une image d'eux-mêmes et d'une identité personnelle qu'ils trouvent difficilement.

Le risque se présente plus dans les conséquences de ce comportement que dans le comportement lui-même. Il est de deux ordres : celui de s'inscrire dans un groupe de pairs partageant les mêmes problèmes, en sachant que le groupe renforce ce type de comportement régressif ; celui d'être rejeté par les autres qui n'apprécient pas leurs excès ou tout simplement leur vulgarité. Avant de s'adresser à un professionnel à qui l'adolescent pourra plus facilement se confier sur ce qui peut le troubler intérieurement, les parents comme toujours dans ce type de comportement provocateur devront éviter une attitude coercitive de jugement négatif et de reproches. Avec un effort incontestable, ils devront laisser place à un échange permettant à l'adolescent de se sentir rassuré sur l'amour qu'on lui porte, par l'effort qu'il fait de comprendre ce qui peut être logique derrière l'illogisme de cette vulgarité. Cela n'est pas contradictoire avec le fait que le parent puisse exprimer clairement son désaccord avec cette attitude, qu'il s'en trouve lui-même malheureux et qu'il pense que cela joue en défaveur de son fils ou de sa fille. Si le parent n'exprimait pas cela ainsi, l'adolescent pourrait penser qu'il n'intéresse pas son père ou sa mère ou que ceux-ci ont perdu tout bon sens et tout ce qui a toujours fait pour lui, l'adolescent, les valeurs qu'il admirait chez eux.

## Transmettez vos valeurs à vos enfants

Il est bon également d'apprendre à l'enfant et à l'adolescent qu'être bien élevé favorise une estime de soi et une estime des autres. Ce n'est pas seulement être gentil, être attentif à autrui, bienveillant, suffisamment poli, c'est aussi être franc dans son rapport à l'autre et être respectueux.

L'éducation parentale aujourd'hui est à ce niveau encore plus difficile qu'hier. Chaque jour nous entendons une nouvelle histoire nous montrant le déclin des valeurs, y compris par ceux qui devraient le mieux les représenter. Le mensonge, le vol, l'exploitation de la faiblesse de certains, le non-respect des idéologies ou des croyances différentes des autres sont présentés quasi quotidiennement par les médias. Les idoles des jeunes, à ce niveau, sont souvent montrées sous des jours qui ne sont pas à leur honneur. Comment peut-on alors facilement transmettre les valeurs reconnues de tout temps et convaincre nos enfants d'y adhérer et de les respecter, sans pour autant tomber dans un moralisme en totale contradiction avec ce monde qui entoure nos enfants ?

Il y a sans doute une mauvaise et une bonne nouvelle concernant cette question de la transmission des valeurs. La mauvaise nouvelle est que les parents aujourd'hui ne peuvent plus aborder facilement cette question et y faire adhérer leur enfant comme par le passé. La bonne nouvelle est qu'il est toujours possible avec une certaine conviction et un certain effort, y compris pour soi-même les appliquer, d'intéresser les enfants à ce qui de tout temps a permis que l'humanité existe. Les valeurs peuvent être transmises aux enfants par trois chemins : nos références propres dans notre vie quotidienne, ce qu'ils voient dans leur vie et l'écart qui en découle. Comment ? Par trois attitudes :

- En leur montrant concrètement votre respect des autres, votre refus du mensonge, votre honnêteté, votre dégoût et votre mépris pour la violence. Vous apprenez ainsi à l'enfant à se construire son monde de valeurs : vous êtes choqué de voir un automobiliste prendre la place réservée à un handicapé, vous redonnez au commerçant le trop perçu de monnaie qu'il vous a rendu, en lui disant qu'il s'est trompé par erreur, vous n'acceptez pas que l'artisan vous mente sur son absence à son rendez-vous, vous ne répondez pas au piéton qui vous insulte parce vous l'avez involontairement bousculé, au contraire vous vous excusez, etc. Il en est des valeurs comme de la santé, si le tabagisme des parents fragilise la santé non seulement physique mais aussi psychologique des enfants, la grossièreté des parents fragilise les capacités des relations sociales de leur progéniture.
- En commentant avec votre enfant ce qu'il a pu entendre ou voir en faveur ou en défaveur du respect des valeurs morales auxquelles vous êtes attaché : en regardant avec votre enfant une émission de télévision qui montre des jeunes aidant les habitants d'un petit village à reconstruire leur maison ou leur école, en lui demandant ce qu'il pense de ce vol qui a été commis, en le félicitant d'avoir apporté ses devoirs à un camarade malade, etc.
- Nous pouvons ainsi leur montrer la différence entre ce qu'ils voient dans les journaux, sur Internet ou à la télévision et ce qu'ils expérimentent quotidiennement dans le cadre des relations familiales. Quand les enfants nous voient ramasser un objet de valeur et le rendre à la per-

sonne qui l'a perdu, quand les enfants nous voient donner une pièce de monnaie à un mendiant qui ne semble pas en faire son métier, quand les enfants nous entendent parler correctement de quelqu'un dont on ne partage pas les mêmes opinions, nous leur transmettons nos valeurs de meilleure façon qu'un long discours théorique ou plaqué. Ce sont ces actes concrets, réalisés devant eux, qui leur permettent d'apprendre ce qui est bon et mauvais. Ce n'est au fond pas si difficile que ça. Pour autant, il n'est pas inutile de les faire réfléchir sur ce qui est juste et injuste, sur l'importance de l'amitié, sur le respect des autres, sur le fait d'attendre son tour pour prendre la parole, etc.

• Aujourd'hui, il existe même pour cela des supports sous la forme de contes dont il n'est plus besoin de vanter la richesse éducative, de livres imagés ou de DVD destinés aux enfants, grands et petits.

## Désir dangereux : des enfants « trop bien élevés »

Je terminerai ce chapitre en alertant les parents qui souhaiteraient avoir un enfant « trop bien élevé ». De quel enfant s'agit-il ? Il s'agit d'un enfant qui risque d'être décalé par rapport aux autres enfants de son âge au point, parfois, d'en devenir le souffre-douleur. La représentation d'un enfant trop bien élevé peut être celle qu'illustre un récit autobiographique celui que l'avocat académicien Jean-Denis Bredin fait de lui-même : un enfant triste, solitaire, confronté à une mère qui le rêvait toujours premier en tout et à un père disparu prématurément. Dans cet ouvrage, le récit de l'anniversaire de ses 13 ans apparaît comme le point le plus douloureux, le sommet d'un calvaire en apparence si aimable, si consenti. Jean-Denis Bredin a choisi comme titre de son livre *Trop bien élevé*[2]. Trop bien élevé, c'est-à-dire placé de manière excessive sur un piédestal par sa mère, idéal parental projeté sur lui sans qu'il puisse s'y dérober, mais sans qu'il s'en sente le sujet. Trop bien élevé, c'est-à-dire obéissant, trop obéissant pour satisfaire son entourage et ainsi cherchant continuellement à en obtenir de l'amour. Le destin de cette dépression infantile, à l'adolescence et plus tard, sera, chez cet homme, la sensibilité, la pudeur et surtout l'écriture et la réussite sociale qui transformeront les failles narcissiques de son enfance et la tristesse qui s'ensuivit en une quête constante pour combler ses failles. Peut-être certains parents souhaitent-ils voir leur enfant devenir académicien, mais qu'ils s'interrogent sur le prix que cela peut représenter pour l'enfant ! Plus généralement, les enfants « trop bien élevés » sont d'une timidité douloureuse et ont une incapacité à vivre sereinement leurs relations sociales. D'autres encore peuvent tout à coup craquer et tomber dans un laisser-aller tout aussi excessif que l'était leur inhibition.

# QUATRIÈME PARTIE

## ÊTRE PARENT

*Les différents visages d'aujourd'hui*

Nous avons vu que votre mission de parent d'aujourd'hui n'est pas toujours aisée, mais les fondamentaux qui feront l'objet de ce chapitre pourront constituer pour vous un appui solide. C'est à partir de l'écoute de nombreux parents qui m'ont fait part de leurs soucis et des questions qui les préoccupaient selon leurs situations personnelles que je vous propose quelques pistes. De multiples fois, j'ai entendu cette demande : « Quels conseils me donneriez-vous ? » Au-delà de la seule écoute attentive et bienveillante que j'avais, ayant été moi-même parent, je souhaitais que toute mon expérience professionnelle acquise soit tournée vers l'objectif de donner un avis que seule ma position d'observateur extérieur m'autorise. Un enfant, du moment où il est conçu jusqu'au moins sa fin d'adolescence, est un être en développement. Comme le rappelle Jean-Pierre Changeux[1], professeur honoraire au Collège de France : « L'homme passe quinze ans de sa vie à construire un cerveau qui va être fonctionnel beaucoup plus longtemps… On ne s'imagine pas qu'à chaque minute de la vie du bébé plus de deux millions de synapses se mettent en place… Elles se multiplient par vagues successives, certaines sont sélectionnées stabilisées, alors que d'autres sont supprimées lors du processus d'élagage. Cette "épigenèse" dure dix à quinze ans. Pendant cette période, ce qui compte, c'est l'interaction avec le monde extérieur et surtout la vie dans le groupe social qui se trouve intégrée dans la connectivité cérébrale... Dès les premiers jours de sa vie et même avant sa naissance, le cerveau du bébé peut recevoir des empreintes du monde extérieur. Le fœtus est déjà influencé par la voix de sa mère. Et peut même percevoir la musique. Ces empreintes épigénétiques se développent de manière considérable après la naissance. Elles sont très liées au milieu culturel dans lequel se développe l'enfant : la relation à la mère, avec la famille, le langage parlé, la manière dont il est pris en charge... À 60 ans, dans ses choix, l'homme est encore influencé par l'éducation, l'enseignement, l'expérience reçus quand son cerveau s'est constitué. »

C'est la raison pour laquelle je vous recommande de vous appuyer sur votre amour, votre bon sens et votre logique, c'est-à-dire votre art de convaincre, qui sont les secrets pour bien élever vos enfants, même si ces ressources sont parfois difficiles à utiliser dans les situations de la vie qui attaquent vos forces intérieures.

Ainsi, grâce à l'utilisation de ces ressources naturelles que vous possédez implicitement en vous, je vous propose une première attitude concrète : tout parent doit prendre le temps de converser avec son enfant, dès son plus jeune âge. Vous le désirez, ne vous en privez pas. Converser, vous le savez, c'est pouvoir se parler authentiquement et familièrement sans s'exalter. C'est aussi s'intéresser réellement à ce que dit l'autre. Que peut espérer de mieux un parent que de converser avec son enfant dans l'esprit de ce que

Jean de La Bruyère prônait : « L'esprit de la conversation consiste bien moins à en faire beaucoup qu'à en faire trouver aux autres : celui qui sort de votre entretien content de soi et de son esprit, l'est de vous parfaitement[2]... »

Premiers mots, premiers échanges

Thaïs, une petite fille de 18 mois, commence à prononcer plus ou moins maladroitement, quelques mots qu'elle répète quand ses parents les prononcent : m'man, papa, 'ric pour son frère Patrick, 'line pour sa sœur Adeline. Quand, assise, elle cherche à exprimer verbalement ce qu'elle veut, « p'tit suisse » ses jambes s'agitent brusquement, montrant que le corps participe au langage. Les parents répètent alors amusés les mots de leur fille.

Ces parents et cette petite fille conversent. Plus tard, ils pourront lire des histoires, un livre (il y en a destinés à cela[3]), voir un film qui seront les supports d'une « conversation ». Face à la brusquerie physique naturelle du petit enfant et à la propension au passage à l'acte de l'adolescent, la « conversation, source d'un sentiment joyeux de soi et d'une cohésion sociale[4] », représente un moyen essentiel pour les parents de développer les capacités de dialogue de leur rejeton. Savoir « converser » avec son enfant depuis le plus jeune âge est le signe d'un véritable amour parental. Ce conseil est d'autant plus important aujourd'hui que l'intrusion de la parole imposée par la télévision et subie, l'écoute autistique des baladeurs ou des SMS qu'on envoie montrent à un certain degré, une conversation « solitaire ».

Savoir « converser » avec son enfant est donc capital. Il y a néanmoins un problème (au moins un !). Chaque parent ne converse pas de la même façon. Pourquoi ? Ce serait si facile ! Le problème est que quand vous êtes devenus les deux parents de votre enfant, chacun de vous a associé en lui trois désirs : vous vous êtes rencontrés et avez été des amants ; vous vous êtes installés en couple, puis votre amant, votre amante est devenu un mari et une femme. Un enfant est arrivé et vous voici père et mère, vous êtes alors devenus partenaires pour remplir une seule et même mission : bien élever vos enfants. Vous avez alors peu à peu découvert que l'homme ou la femme avec lequel ou laquelle vous vivez n'a pas forcément les dons que vous attendez pour ces trois fonctions, c'est-à-dire amant et amante, mari et femme, père et mère. Il est habituel de constater que les mères se plaignent que le père est moins satisfaisant que l'amant ou le mari. Inversement, il n'est pas rare d'entendre les pères se plaindre que l'amante ou l'épouse est moins satisfaisante que la mère. La vie n'est pas un long fleuve tranquille. Ce constat de bon sens est pour une grande part à l'origine des difficultés éducatives entre le père et la mère et de la séparation du couple.

Mieux comprendre ce qu'est être parent aujourd'hui oblige à parcourir différentes figures parentales, en commençant par la plus importante.

*Chapitre 16*

# ÊTRE MÈRE AUJOURD'HUI

En quarante ans, le statut des femmes et leur rôle social sont venus transformer l'idée classique selon laquelle la mère ne devait s'occuper que des tâches quotidiennes et rassurer l'enfant lorsqu'il en avait besoin. Dans ce modèle, il revenait socialement au père d'exercer la tâche noble d'en faire un adulte. Comment une femme peut-elle aujourd'hui se sentir suffisamment à l'aise pour mener une vie de mère sans se sentir dans une situation maintenant dépassée ? Serait-ce en pensant qu'une mère a toujours été une mère, mais qu'il y a différentes façons d'assumer ce rôle ? Comment faire en sorte d'être une maman comme depuis que le monde est monde, c'est-à-dire comme les mamans ont toujours été, aimantes et responsables de leur enfant, et être en même temps aujourd'hui une « *digital mom* », c'est-à-dire une mère moderne dans un monde nouveau (*cf.* p. 30) ?

## Rien n'a changé...

Aujourd'hui comme hier, ce que ressentent les mères qui aiment leur enfant est de l'ordre du sacré : leur croyance profonde est qu'elles ont le devoir intime de prendre soin et de s'extasier devant leur tout petit garçon ou leur toute petite fille. Sinon qui le fera ? L'amour et la fierté d'une mère pour son petit enfant n'ont rien de pathologique. Si l'amour va de soi, la fierté est également pour l'enfant une preuve d'amour à son égard. Il le ressentira tout petit et désirera le constater concrètement plus grand. Ne négligez pas d'assister à son spectacle de danse, à son match de tennis ou à sa représentation théâtrale, il en sera fier. Pour autant, il serait sans doute excessif de vouloir à tout prix qu'il tienne le rôle principal ou discuter la décision de l'arbitre. Ce serait lui enlever la responsabilité de ce qu'il réussit ou de ce qu'il essaye de réussir. Il serait aussi excessif de sacrifier trop souvent vos propres intérêts ou vos propres loisirs pour lui. Mais la maman sera toujours en première ligne pour, tout au long du développement de son enfant, être attentive à ce qui se passe pour lui, autour de lui, à se soucier de ses difficultés ou de ses problèmes, à savoir lui parler pour le protéger des risques dans lesquels il peut être entraîné.

En échange, on peut dire que la « chair mère » pour l'enfant représente, la source d'un amour incomparable à d'autres types d'amour. Pour celles qui, au regard du passé en douteraient, la lecture de la correspondance des femmes ou des hommes de grand talent, écrite il y a plus d'un siècle, le confirmera. De Flaubert à Nietzsche, de Camille Claudel à Hölderlin, combien l'analyse des lettres qu'ils ont écrites à leur mère est riche d'enseignement[5]. Plus prosaïquement, comme le dit le pédiatre Aldo Naouri : « La décision de modifier les soins ou une attitude appartient toujours à la mère, mais elle ne doit en aucune façon retarder sa mise en œuvre après avoir recueilli, sur le corps ou dans les attitudes de son enfant, des indices susceptibles d'encourager son initiative[6]. »

De tout temps, les enfants ont ressenti cet amour et cette admiration pour leur mère, ou son substitut, qui dépassent largement leur besoin de s'affirmer et leur opposition de forme, rendant ainsi à leur mère l'amour qu'elle leur porte. Un enfant est fier de sa mère, même s'il peut la critiquer ou la juger et ne supporte pas les attaques, le mépris ou l'humiliation que d'autres pourraient lui manifester. Pour l'enfant, le désir de s'affirmer, de se sentir responsable, de réussir s'appuie sur le désir d'en être ainsi plus aimé.

Que sa mère soit sa mère génitrice ou sa mère adoptive, l'enfant en attendra toujours un amour sans limites... et il aura presque totalement raison. Rarement, certaines le décevront. Ceux qui remettent en cause cette évidence n'ont jamais vu un enfant courir vers sa mère quand il est tombé de son fauteuil ou de son vélo. Ceux qui remettent en cause l'attention maternelle pour l'enfant n'ont pas vu cette mère apprenant à son travail que son fils s'est brûlé, qui décide spontanément de tout lâcher pour aller s'en occuper. Ce qui se passait hier est tout aussi vrai aujourd'hui.

« Maman téton est fâchée », lit-on en 1680, chez l'auteur du premier dictionnaire de la langue française, César-Pierre Richelet, en guise d'illustration pour une formule chère aux enfants d'alors désignant ainsi leur nourrice. On n'en comprend que mieux la fête des mères, de célébration nationale récente, mais bénéficiant de très lointaines origines, tels que les « Matronalia » romaines. Parcourir plus de cinq siècles avec force témoignages et expressions comme « les oisons veulent mener paître leur mère » ou formules plus récentes comme « Mère Garuche, Mère Poularde ou Mère Denis », qui, même utilisées par la publicité, montrent l'importance fondamentale des soins primordiaux associés au terme de mère.

Antoine Furetière en 1694, auteur posthume du premier *Dictionnaire de l'Académie française*, s'adressant à toutes les mères demande leur attention : « L'amour maternel est grand, mais il n'est pas toujours sage ! » Doit-on alors suivre Elisabeth Badinter qui écrit que « l'amour maternel est un sentiment humain » et que « comme tout sentiment humain, il est incertain, fragile et imparfait » ? Je serai d'accord avec imparfait, aucune mère ne revendique d'être parfaite.

Dans son livre *Crépuscule irlandais*, explorant les liens filiaux, Edna O'Brien[7] écrit : « L'amour c'est que des sornettes, le seul amour véritable, c'est entre mère et enfant. Les peintures des Italiens, rien que des mères qui tiennent leur bébé et des anges au-dessus, comme le beau tableau de la chapelle de Limerick, ça ne peut pas être pour rien. »

Je pense aussi à Agnès Desarthe chez qui les questions d'aléas et de discontinuités de l'amour filial comme dans *Un secret sans importance* et dans *Mangez-moi*, ou d'amour par substitution, de fantômes familiaux sont particulièrement présentes. Dans *Le Remplaçant*, en 2009, la romancière célèbre la mémoire de son grand-père maternel, « remplaçant » et successeur de son véritable grand-père assassiné à Auschwitz. « Enfant, j'ai hérité du chagrin de ma mère qui a perdu son père à Auschwitz. Cette peine qui ne m'a pourtant pas touchée directement est là, dans mon trousseau[8]. » De tout temps, une mère a eu sa propre mère, même si aujourd'hui, la question des relations entre mères et filles a suscité beaucoup d'intérêt dans les journaux, chez les psys et même chez les créateurs de vêtements. Cette relation comporte toujours sa part d'ambivalence. Mais qu'elle soit par moments heureuse et à d'autres houleuse, elle représente, pour une fille devenant mère, une référence et le plus souvent un modèle qu'il faut adapter à son propre contexte et à son époque. Quant à la relation mère-fils, elle se présente avec une telle authenticité d'amour et de pudeur que personne ne peut en contester l'importance[9].

## Et tout a changé

Aujourd'hui, la « superwoman » contemporaine déclare ne pouvoir s'accomplir totalement qu'en étant aussi une « supermaman ». Beaucoup s'y emploient mais parfois au prix d'un épuisement certain, or le bon sens nous apprend qu'on ne peut plus rien faire de bien quand on est épuisé.

« Ma maman est super ! », s'exclame ce garçon devant ses petits camarades à un goûter d'anniversaire. Lorsqu'ils parlent de leur mère aux autres, les enfants, et pas seulement les garçons, manifestent plus ou moins explicitement un sentiment profond d'amour et d'admiration à son égard. Devenant plus âgés ou adolescents, ils peuvent s'opposer à elle, provoquer, revendiquer leur indépendance, sans pour autant, au fond d'eux-mêmes, effacer la trace indélébile de cet amour enfantin.

Les uns et les autres n'ont pas conscience des sacrifices et des efforts que cela a demandé aux mères. Comment tiennent-elles le coup ?

Aujourd'hui, à l'arrivée d'un enfant, les femmes, dont la majorité travaillent à l'extérieur de la maison, assument toujours 80 % des charges domestiques et deux tiers des tâches parentales. On peut le regretter, mais une mère restera toujours une mère, c'est-à-dire le personnage dont l'amour n'est pas calculé, mais dont l'implication nécessite aujourd'hui d'être chronométrée et inventive.

Les mères d'aujourd'hui regorgent d'astuces pour gérer ce dilemme entre quantité et qualité. Leur témoignage est passionnant et riche de conseils pratiques et de fantaisie[10] :

- Pourquoi ne pas zapper le bain du samedi matin pour le remplacer par le plaisir de regarder un film ensemble avec les enfants, *La Belle au bois dormant* ou *L'homme qui écoutait à l'oreille des chevaux*, ou encore pour les plus âgés, un film attrayant qui correspond au programme d'histoire ou de géographie de leur année ? Cela fera plaisir à la maman, au papa et à l'enfant ! Le week-end s'en trouvera allégé.
- Comment ne pas saouler les enfants, en essayant de leur transmettre la passion qu'une maman a pour la musique ? En instituant un jeu (*blind test*) où les enfants doivent reconnaître les morceaux que la maman leur fait brièvement écouter ; « ça leur permet d'avoir leur mot à dire, et moi, d'écouter la musique qui me plaît ».
- Comment transformer les caprices si ce n'est le refus alimentaire d'un enfant qui ne mangerait que des pâtes et des gâteaux en jeu ? Une maman a trouvé la solution. Elle propose sa liste d'aliments auxquels elle attribue des couleurs différentes : « Une liste d'aliments verts qu'on peut

consommer tous les jours (légumes, fruits, protéines...), d'aliments orange, une fois par jour maximum (yaourt au chocolat) et rouge, de temps en temps seulement (Nutella, pizza, frites). »

La mère d'aujourd'hui n'est pas seulement cette femme qui aime son enfant par-dessus tout, elle est aussi une femme qui attend de l'homme avec lequel elle élève cet enfant et partage les responsabilités éducatives, qu'il ne se dérobe pas, ne s'oppose pas à elle mais au contraire l'épaule et la soutienne. Cette attente concerne la vie de couple, elle concerne tout autant les couples qui se sont séparés, quand la mère se retrouve seule avec son enfant, quand elle s'engage dans une nouvelle vie avec un autre homme.

## La mère et le beau-père

Je ne connais pas d'enfant que les disputes entre les parents n'angoissent pas ou qui, lorsque les parents se séparent, ne sont pas inquiets et parfois profondément affectés. Mais je n'ai pas, non plus, rencontré d'enfants, sauf exception, qui avec le temps ne se soient pas adaptés à une nouvelle organisation familiale. Le plus souvent, j'ai pu entendre, après le premier choc passé, des propos comme : « Mes parents ne s'entendaient plus », « Ils avaient des caractères différents », « C'est leur problème d'adultes », « Quand l'un ne veut pas, je demande à l'autre », etc. Mais la fameuse phrase : « C'est beaucoup mieux, j'aurai plus de cadeaux à Noël », si elle peut déculpabiliser les parents qui divorcent, que personne ne s'y trompe, elle ne résume pas tous les sentiments de l'enfant.

Plus que jamais, cette situation devrait permettre à chaque parent de comprendre que vous pouvez faire de votre enfant un enfant responsable en associant amour, bon sens et logique.

L'amour pour votre enfant, quel que soit son âge, vous amènera à vous séparer puis à choisir un beau-père parce que vous désirez vivre avec cette nouvelle personne, vous engager réellement avec elle, mais aussi parce que vous avez reconnu en elle la possibilité qu'elle accepte votre vie passée et tout particulièrement vos enfants tels que vous les avez élevés, tels qu'ils sont jusque-là aujourd'hui. En remplissant ces conditions, vous aurez joué gagnant-gagnant. Gagnant pour votre enfant, gagnant pour vous-même, gagnant pour cette belle personne que vous avez rencontrée. Mais cela ne veut pas dire qu'aucune question ou qu'aucun problème ne surviendra.

Le bon sens repose tout simplement sur le fait que, contrairement à la chanson, le temps fait beaucoup à l'affaire. Il est normal qu'un enfant qui le manifeste ouvertement ou pas, surtout s'il s'agit d'un garçon, s'interroge et soit même jaloux du nouvel arrivant. Il réclame alors une attention accrue auprès de sa mère, il pourra se montrer plus exigeant ou plus agressif pour susciter son intérêt. Il suscitera par ses actes de l'exaspération pour tester les limites du nouvel arrivant, il s'adonnera à la comparaison pour provoquer. Ses attitudes seront encore plus marquées lorsqu'il se sera écoulé tout un temps après la séparation de ses parents, pendant lequel l'enfant aura vécu seul avec sa mère dans des rapports de grande proximité, concrète et affective.

Deux attitudes de bon sens permettent que ce changement se déroule le mieux possible :

• Laisser le temps à votre enfant, à votre partenaire et à vous-même, de « s'apprivoiser mutuellement » comme l'affirment à juste titre, Christine Brunet et Anne-Cécile Sarfati, dans leurs livres consacrés à l'éducation des enfants[11]. Il n'est pas facile pour un enfant, et parfois encore moins pour un adolescent, d'accepter d'emblée sans réserve que sa mère partage désormais l'autorité quotidienne sur la vie familiale avec un nouvel homme. Il n'est pas facile pour la mère de trouver un bon équilibre entre cette nouvelle responsabilité éducative qu'elle doit partager avec son nouveau conjoint et la suite de la responsabilité éducative commune qu'elle partage toujours avec le père de l'enfant.

• Favoriser le fait que chacun exprime son point de vue et expliciter clairement et précisément à l'enfant dans son cadre familial, tel qu'il est maintenant, que c'est vous, la maman, qui en dernier recours prenez les décisions[12].

La logique de votre attitude en est la conséquence : n'imposez pas ce nouveau personnage dans votre vie personnelle et parentale comme celui auquel l'enfant doit d'emblée totalement obéir, en excluant le parent que vous avez quitté, quels que soient les conflits que vous avez eus ou avez encore avec lui. Votre enfant n'est pas un imbécile, il connaît vos désaccords et sait très bien que si vous n'en aviez pas eu, vous ne vous seriez pas séparés. Personne n'est gagnant à en rajouter à ce niveau.

Sachez demander à votre nouveau partenaire dans la vie de contrôler ce qui peut parfois l'exaspérer et le choquer. Sachez aussi lui dire que vous attendez de lui qu'il soit amical, disponible à l'égard de votre enfant mais qu'il ne cherche pas à se forcer à être aimable ou à le séduire.

La réussite de cette nouvelle union dépend beaucoup de vos désirs réciproques de vivre ensemble. Vous testez ainsi la confiance que vous pouvez avoir l'un vis-à-vis de l'autre. Il vaut mieux tester celle-ci, quelque temps avant d'annoncer concrètement et officiellement à l'enfant que vous avez décidé que vous allez tous vivre ensemble.

Il est logique qu'une période probatoire soit respectée en prenant en compte les étapes suivantes :

• « Je connais un nouvel ami, si je m'entends bien avec lui tu le rencontreras. »

• « J'invite pour déjeuner ou dîner ce nouvel ami dont je t'ai parlé qui s'appelle… »

• Après cette première rencontre concrète, n'ayez pas peur et prenez le temps de demander à votre enfant ce qu'il pense de cette nouvelle personne.

• Un week-end peut alors être organisé, en informant votre enfant que cet homme qu'il connaît un peu, partagera ou pas votre chambre, car généralement votre enfant soit le devine, soit est prêt à entendre la vérité.

• Tout au long de cette période probatoire, il est utile que vous disiez, de temps en temps, à votre enfant qu'il peut en parler à son père si celui-ci lui pose des questions. J'ai rencontré de nombreux enfants pris dans un conflit de loyauté qui les perturbait. En revanche, ne demandez pas à votre enfant d'être le médiateur entre vous et votre « ex », ni de devenir le messager d'informations qui vous concernent personnellement, ni en termes de problèmes matériels ou financiers. Cela n'est pas toujours facile en raison des désaccords qui peuvent subsister entre vous, mais là aussi j'ai entendu beaucoup d'enfants, et plus tard d'adultes se souvenir du poids que cela avait représenté pour eux.

Ce déroulement dans le temps peut vous paraître un peu fastidieux, formel, ou vous sembler contrecarrer votre désir ou votre enthousiasme personnel, mais cela vous permettra de savoir si vous faites le bon choix et, le moment venu, d'argumenter votre décision auprès de votre enfant, en lui ayant donné les preuves concrètes de votre attention et de votre amour pour lui. Il comprendra que vous êtes une femme qui est toujours capable d'aimer et d'être aimée d'un autre homme, et cela rassure beaucoup plus l'enfant que vous ne l'imaginez.

Pour autant, tout n'est pas totalement réglé, mais vous pouvez ne plus voir votre enfant se venger plus ou moins explicitement (ils sont malins) sur votre nouveau partenaire de ce qu'il vous reproche, sans pouvoir vous le dire directement. Vous pouvez alors demander à votre enfant ce qui le contrarie vraiment, ce qui lui fait de la peine ou le met en colère. Vous lui aurez ainsi manifesté votre attention et montré que vous êtes directement concernée par la nouvelle relation qui s'établit entre lui et votre partenaire.

Cette situation, beaucoup plus fréquente aujourd'hui que par le passé, révèle tout particulièrement les bases essentielles supportant votre souci d'amour, de bon sens et de logique dans votre statut de parent :

• Parler de façon concrète à son enfant et à son adolescent, en s'appuyant sur les éléments de sa vie quotidienne. C'est ce qui l'intéresse et ce qu'il comprend le mieux. Les discours compliqués n'intéressent ni les enfants ni les adolescents, et sont souvent le signe, ce qu'ils perçoivent très bien, d'un malaise, d'une difficulté à se positionner, si ce n'est d'une inauthenticité.

- Répondre aux questions qu'il pose.
- Apprendre à votre enfant que vous êtes responsable de votre vie, de la sienne mais que vous cherchez à lui permettre de devenir lui-même responsable à son niveau, de ce qui se passe, face aux différentes circonstances de l'existence.

Ainsi vous pourrez éviter de vous sentir un « parent planeur », favorisant le laisser-faire en attendant que les choses se passent toutes seules, ou un « parent commandeur » qui impose à l'enfant sans discussion ce qu'il fait et ce qu'il dit. Vous incarnerez un « parent constructeur ».

## La mère seule à bord

En raison du nombre croissant de divorces et de la garde des enfants majoritairement accordée à la mère, de plus en plus de femmes se retrouvent désormais seules à la tête de la famille. Si on en croit le dernier recensement, 84 % des enfants vivant dans une famille monoparentale, donc environ une moitié de garçons, cohabitent avec leur mère. Les situations ne sont pour autant pas toutes les mêmes. Il s'agit le plus souvent de femmes divorcées qui mettent statistiquement plus de temps que les hommes à réinvestir une vie de couple, puisque 44 % des pères ont reconstitué un nouveau couple après quatre ans de séparation, contre seulement 28 % des mères. Mais il peut s'agir aussi de pères qui sont décédés, de mères célibataires, de mères adolescentes.

Élever seul un enfant est difficile, surtout pendant les premiers mois, au moment où il traverse ces phases de besoin d'individuation et de séparation (entre 18 mois et 3 ans, puis à l'adolescence) et à des moments de décision importante dans votre existence à tous les deux. Dans toutes ces situations, la mère est menacée d'être trop proche de son enfant, parfois même, à son insu, de le séduire par culpabilité, ou pour compenser son manque d'affection. Elle peut aussi se sentir débordée, se sentir contrainte de jouer tous les rôles et, souvent, les affrontements se durcissent.

Quoi qu'il en soit, il vaut mieux éviter d'en faire un drame. N'oublions pas que cette situation s'est fréquemment présentée dans l'histoire de l'humanité. Combien de femmes dans le passé ont eu la charge d'élever seules leur enfant alors que leurs maris étaient partis à la guerre ou décédés ? Cette situation était néanmoins différente car elle n'était pas le résultat d'un conflit entre les parents. Combien de fois encore aujourd'hui, une mère élève seule son enfant alors que son conjoint est obligé de partir travailler loin de son foyer dans d'autres régions ou même d'autres pays ?

Dans la société dans laquelle nous vivons, beaucoup de mères élèvent totalement seules leurs enfants. Elles se trouvent alors plus souvent dans des situations qui, en plus d'être socialement inconfortables, sont tout simplement douloureuses. Il s'agit de femmes n'ayant pas la possibilité d'en appeler au père ou à un substitut paternel, aux grands-parents, pour mettre de la distance dans un tête-à-tête parfois difficile entre elles et leur enfant ou leur adolescent. Leur temps est compté entre le rôle de maman auprès de leur enfant et leur vie professionnelle qu'elles ne peuvent pas négliger le plus souvent. À ceci s'ajoute, par moments, le stigmate social que constitue le fait d'être seule pour une femme.

Par amour pour son enfant, logique et bon sens, une mère seule, surchargée par les tâches de la vie quotidienne et la gestion de sa propre vie affective, parfois confrontée à des problèmes matériels importants, peut logiquement souhaiter être soutenue par tous ceux à qui elle peut s'adresser ou qui souhaitent être proches d'elle.

## Mère célibataire

Il existe deux situations particulières de mère seule à bord : la mère célibataire et les mères adolescentes. Dans ces deux cas, le risque que j'ai le plus souvent rencontré est celui d'un amour pouvant parfois être étouffant pour l'enfant. Lui faire trop de câlins ou le laisser vous en faire trop, ne pas suffisamment lui mettre des limites, ne pas savoir s'opposer à ses désirs peut à mesure qu'il grandit poser des problèmes plus difficiles. De même, il n'est pas souhaitable de lui faire partager les aspects plus intimes de votre existence et vos états d'âme. Votre enfant reste un enfant et n'est pas un complice ni le compagnon que vous n'avez pas. Que faire alors ?

L'amour, le bon sens et la logique doivent vous amener à lui proposer dans sa vie la présence d'une référence masculine, en essayant de lui faire rencontrer un oncle, un grand-père, un de vos amis. Devenu suffisamment grand ou adolescent, ne vous opposez pas à son désir de rencontrer d'autres contextes familiaux que le vôtre et bien évidemment une figure parentale masculine qu'il semble apprécier : le père d'un autre enfant, l'animateur du loisir qu'il privilégie, un entraîneur sportif, un enseignant, etc. Vous devez lui laisser prendre du plaisir en dehors de la maison et avec d'autres personnes que vous. Quel que soit votre point de vue ou vos sentiments, autoriser des questions que votre enfant peut poser sur son père en lui répondant simplement et clairement ce qui a fait qu'il vit seul avec vous.

La situation de se retrouver mère à l'adolescence, même si certaines témoignent qu'elles peuvent être heureuses et satisfaites de leur vie, n'est néanmoins jamais simple. Dans son livre *Quand la nuit*, Cristina Comencini[13] choisit un héros qui a été abandonné dans son enfance par une mère volage. Il rencontre une jeune mère incompétente élevant un petit garçon maladif. Il la persécute, elle le craint mais le jour où il sauve son fils, ils sont définitivement liés l'un l'autre par la colère et la peur. Ces deux personnages vivent dans une double solitude impressionnante. J'ai souvent rencontré cette solitude chez les jeunes mères adolescentes dont le manque d'expérience, le sentiment que l'enfant est pour elle un sauveur par rapport à une vie antérieure souvent difficile rendent particulièrement délicat leur rôle de mère et de parent. Le support pour certaines du père, pour d'autres de leurs propres parents, pour d'autres encore le plus souvent du foyer maternel, compense les difficultés de ces très jeunes mères.

## Quand maman ne va pas, l'enfant...

Une maman peut avoir des problèmes de santé, être au chômage ou rencontrer des difficultés importantes de couple. Une maman n'est pas infaillible, mais un enfant souhaite profondément qu'elle le soit. Il peut ainsi ressentir de la colère, quand sa maman ne va pas bien, heureusement compensée par l'amour qu'il lui porte.

Que se passe-t-il lorsqu'il s'agit de stress important ou même de dépression de la mère ? On sait aujourd'hui, à partir d'études scientifiques, que le fait de vivre auprès d'un proche déprimé ou d'être exposé à des « influences négatives » est susceptible d'augmenter le risque de difficultés chez l'enfant. On a appris que les jeunes mamans dépressives répondent moins bien aux pleurs de leur bébé, que les enfants de parents en souffrance ont davantage de risques de présenter eux-mêmes des problèmes anxieux, dépressifs ou autres (addictions, hyperactivité...). La plus grande fréquence de ces troubles chez ces enfants peut s'expliquer par une prédisposition génétique, mais aussi par d'autres facteurs d'ordre psychosocial ou « culturel ». Quel que soit le mécanisme prépondérant, une approche efficace de la problématique parentale peut améliorer la situation des enfants ou réduire le risque qu'ils développent à leur tour une souffrance personnelle.

Exploitant des données émanant de l'enquête épidémiologique STAR*D (*Sequenced Treatment Alternatives to Relieve Depression,* 2006), recueillies auprès de familles avec mère dépressive, une étude a examiné l'incidence d'une rémission de la dépression maternelle sur l'évolution de ses enfants. Cette étude concerne 80 jeunes âgés de 7 à 17 ans, répartis en trois groupes :

- 36 jeunes dont la mère connaît une rémission rapide (en moins de 3 mois) ;
- 28 jeunes dont la mère connaît une rémission tardive (en 3 à 12 mois) ;
- 16 jeunes dont la mère ne bénéficie d'aucune rémission, même au bout d'un an.

Après avoir tenu compte d'autres facteurs (caractéristiques sociodémographiques, statut marital de la mère...), les auteurs de l'étude observent, un an après une rémission (rapide ou tardive) chez la mère, une « amélioration significative » de la problématique des enfants dont la mère est en rémission, comparativement aux jeunes dont la mère demeure toujours déprimée. Notons que le recueil des données respecte le principe des enquêtes en aveugle : la personne rencontrant un jeune n'est pas informée de la rémission éventuelle de sa mère et les entretiens avec les mères et leurs enfants interviennent séparément.

Autre constat de cette enquête : l'amélioration de l'état maternel précède et conditionne celle de l'état de l'enfant, ce qui suggère une relation de « cause à effet ».

Cette étude confirme l'intérêt d'identifier au plus tôt (et si possible traiter) une maman qui ne va pas, d'autant plus que d'autres travaux ont montré qu'une dépression de la mère survenant durant la première année de son enfant constitue un facteur de risque pour un trouble ultérieur de cet enfant. Enfin, les chercheurs à l'origine de cette étude rappellent ce cercle vicieux : comme la mère a tendance à reléguer son propre traitement à l'arrière-plan, après les préoccupations prioritaires sur la santé de son enfant, elle attend une amélioration de celui-ci pour se soigner elle-même ; or cette amélioration dépend précisément de celle de l'état maternel ! Dans cette situation d'interdépendance, le traitement de la mère (ou/et du père) représente donc un « pas critique dans la prévention de la reproduction transgénérationnelle de la maladie mentale[14] ».

D'un point de vue plus général, que faut-il faire ou dire à l'enfant, lorsqu'une maman a un gros souci, qu'il soit professionnel, de couple ou de santé, et ne peut s'empêcher de le montrer plus ou moins explicitement ?

Ici, le bon sens l'emporte sur tout le reste. Il est préférable de ne pas mentir à l'enfant et de lui expliquer ce qui se passe, y compris si cette vérité est douloureuse. Le bon sens conduit également à présenter le problème qui se pose, clairement mais aussi de la façon la moins dramatique possible. Il faut éviter des formules par trop négatives « Je ne sers plus à rien », « J'ai perdu mon travail », « Tu vas avoir à te débrouiller tout seul sans mon aide », etc. Dans la vie quotidienne, essayez de maintenir votre rythme et vos habitudes, autant que vous le pouvez. Vous devez permettre à l'enfant de se rendre compte progressivement du changement que cela suscite en lui. Au-delà de ce qui peut être, parfois, son apparente indifférence ou paradoxalement ses demandes plus importantes, il est affecté et son « égoïsme » n'est que de façade. N'oubliez pas enfin que vous pouvez être aidée par son père ou par d'autres adultes autour de vous et bien sûr lui dire et si besoin lui répéter qu'il n'est pour rien dans cette situation. N'oubliez jamais que l'enfant se culpabilise beaucoup plus qu'il ne le montre. Pour autant, ne vous culpabilisez pas vous-même, ou le moins possible, d'être fatiguée quelle qu'en soit l'origine.

*Chapitre 17*

# ÊTRE PÈRE AUJOURD'HUI

Dans son dernier livre, Bernard Pivot, père de deux filles, aujourd'hui largement adultes, raconte : « Il me semblait que la paternité m'obligeait surtout à gagner le plus d'argent possible, à faire des piges rémunératrices. Ça m'arrangeait bien de penser que j'étais plus utile à ma famille dans la culture que dans la puériculture[1]. » Que penserait-il aujourd'hui, ce père de deux petites filles ? Il aurait sûrement une vision différente de son rôle de père. Depuis 2002, un congé de paternité a été créé. Il s'agit de onze jours à prendre dans les quatre mois qui suivent la naissance. Quelque 40 % des pères ne profitent pourtant pas du dispositif. N'est-il pas tout aussi important de voir des pères s'autoriser, sans peur pour leur image ou leur salaire, une sortie scolaire ou prendre sans appréhension des journées maladie auprès d'un adolescent ? Comment concilier l'égal accès des hommes et des femmes aux responsabilités familiales tout en reconnaissant les différences humaines entre le choix des hommes et le choix des femmes à ce niveau ? La différence humaine n'est pas contradictoire avec le souci d'égalité. Comment concilier les responsabilités familiales et les exigences économiques actuelles et futures ? Ces questions sont loin d'être closes. Il reste à chaque couple de faire ses choix personnels avec logique et bon sens, mais aussi en reconnaissant les sentiments et le souhait des pères concernant l'amour qu'ils portent à leur enfant.

## Rien n'a changé...

Un enfant a une mère... et un père. La fonction paternelle a de tout temps existé, tout en étant selon les époques et selon les cultures tenues bien sûr par le père biologique mais souvent aussi tenues par d'autres hommes, le nouveau compagnon de la mère, l'oncle maternel, le grand-père, l'homme de passage, etc. Aujourd'hui, comme hier, ce constat peut être posé. De tout temps également, les relations du père avec le fils ou avec la fille ont été différentes, même si, comme nous le verrons dans le paragraphe suivant, cette différence s'est fortement atténuée. On peut également constater que l'enfant, puis l'adolescent, qu'il s'agisse d'un garçon ou d'une fille, se confie moins facilement à son père qu'à sa mère. Toutes les enquêtes sur ce sujet le confirment encore aujourd'hui. Mais, là aussi, cette différence s'est atténuée. Si chaque enfant a ses secrets, chaque père, pour l'enfant, a ces mystères. Le désir de parler à son père et une certaine appréhension de le faire ne datent pas d'hier ni pour l'enfant ni pour l'adolescent.

Bien que l'autorité parentale soit aujourd'hui détenue légalement et aussi concrètement par le père et par la mère, la crainte de l'enfant à l'égard du père est généralement plus explicite que celle à l'égard de la mère. La peur d'un père trop autoritaire ou colérique est exprimée par les enfants d'aujourd'hui comme ceux d'hier. Chez les enfants trop timides ou les adolescents trop en révolte, on retrouve souvent ce facteur qui n'explique néanmoins pas à lui seul ces caractéristiques. De même, les pères inaccessibles, égocentriques ou absents resteront pour l'enfant une source d'insatisfactions et plus tard de reproches. Si l'enfant respecte sa mère comme si cela allait de soi, il a également besoin de respecter son père qui doit en retour se montrer respectable. De tout temps, là aussi, l'enfant manifestera un désir de reconnaissance et de considération de la part de son père.

## Et tout a changé

Il est incontestable que le rôle et la fonction des pères ne sont plus les mêmes qu'il y a cinquante ans. Sa présence dans la relation affective et dans l'éducation de son enfant est plus forte incontestablement que par le passé. Sa présence à la maternité et celle beaucoup plus fréquente que par le passé aux consultations médicales de l'enfant et de l'adolescent en sont un signe patent. De sa capacité à préparer un biberon et nourrir son bébé au désir que l'enfant peut s'autoriser à exprimer librement que son père l'accompagne ou vienne le chercher à l'école, l'enfant s'imprègne d'une fonction complémentaire mais aussi identique à celle qu'il attribue à sa mère. Une étude portant sur la présence quantitative et qualitative des pères dans les crèches, auprès d'enfants âgés de 6 mois et de 2 ans, montre que les « nouveaux pères » sont incontestablement beaucoup plus proches de leurs enfants que leur propre père ne l'était, aussi bien pour les filles que pour les garçons[2]. Cette étude indique que 30 % des pères sont présents à l'inscription de leur enfant, 60 % environ les accompagnent et viennent les rechercher, et 36 % participent au processus d'adaptation. Ces « nouveaux pères » se qualifient eux-mêmes de « très affectueux » (à plus de 60 % avec une tendance à l'être de plus en plus à mesure que l'enfant grandit), « de papa poule ou de très papa poule », (à plus de 55 % avec une tendance à se reconnaître progressivement ainsi de moins en moins, l'enfant passant de l'âge de 6 mois à l'âge de 2 ans), de « peu autoritaire » (à 50 % pour un bébé de 6 mois mais 40 % pour un petit enfant de 2 ans), enfin 80 % d'entre eux se décrivent comme se sentant responsables de leurs jeunes enfants, et ceci de façon stable tout au long des deux premières années de la vie. Ce dernier résultat peut réjouir à la fois les pères et les mères. Incontestablement, nous n'aurions pas trouvé de tels chiffres deux générations plus tôt. Ces données amènent même les auxiliaires de puériculture et le personnel des crèches à trouver certains pères « trop présents » !

En effet, le risque de devenir un « papa poule » puis un « papa copain » n'est pas loin. Certains pères peuvent même devenir excessivement jaloux du lien entre la mère et leur enfant. Par contre, le sentiment d'être responsable dans l'éducation, y compris du jeune enfant de la part de ces pères contemporains ne peut être qu'une très bonne nouvelle. Pour le père d'aujourd'hui, tout l'enjeu est de trouver la bonne distance, de façon équilibrée, avec son fils et avec sa fille. Une complicité plus grande est aujourd'hui possible ; complicité ne veut pas dire différence ni dissymétrie. Si, comme nous l'avons dit plus haut, le désir de parler à son père a toujours suscité une certaine crainte ou une certaine appréhension, les pères d'aujourd'hui offrent incontestablement une plus grande possibilité d'échange.

Au total, nous sommes passés d'un modèle patriarcal, à un modèle paternel auquel l'enfant, garçon ou fille, peut directement s'identifier, à condition que le père, dans l'esprit de l'enfant, en vaille la peine. Un enfant jugera sûrement aujourd'hui son père plus précocement que par le passé.

Ces modifications contemporaines du statut et de la fonction paternels concernent probablement à la fois les garçons et les filles, mais sans doute plus intensément ces dernières. Beaucoup plus que par le passé, les filles peuvent désormais s'identifier dans tous les domaines de la vie à leur père : scolarité, mode de vie, indépendance, vie affective et amoureuse, réussite sociale. On pourra dire aujourd'hui plus facilement, non seulement « Tel père, tel fils », mais aussi : « Tel père, telle fille[3]. » Du même coup, les attentes des filles vis-à-vis de ce père en sont profondément transformées. Elles ont besoin que leur père leur parle, leur fasse confiance, respecte leur féminité, comprenne leurs émotions, les comprennent quand elles souffrent tout en n'agissant pas et en ne parlant pas à leur place. Le dialogue ne va pas toujours de soi, mais il est incontestablement plus ouvert et plus riche que par le passé !

## Le père seul à bord

Il n'y a pas que les mères qui sont amenées à élever seules un enfant. Les pères peuvent aussi se retrouver seuls à éduquer un enfant. Comme pour les mères seules élevant leur enfant, le père en miroir peut être trop proche de cet enfant ou vouloir être trop maternel, demander s'il s'agit d'une fille à ce qu'elle prenne le rôle de « petite femme », mais aussi se sentir débordé et durcir sa relation. L'enfant peut se sentir plus ou moins consciemment piégé et avoir plus tard du mal à construire un couple ou craindre d'abandonner son père.

Les pères seuls sont généralement plus rapides à rechercher une compagne pour les aider à élever leur enfant. La relation avec cette « nouvelle maman », mère de substitution qui ne remplacera jamais la mère « absente » ou « disparue » n'est pas toujours simple. Cela demande là aussi de savoir se faire aimer de part et d'autre.

## Le père et la belle-mère

Les constats et les conseils que j'ai proposés précédemment sur le choix, la présentation, la gestion de la relation et de la vie quotidienne concernant la mère et le beau-père peuvent être repris en miroir quand il s'agit du père et de la belle-mère. Mon expérience de ces situations m'a néanmoins appris que la capacité de cette dernière à trouver une place est généralement plus compliquée que dans la situation inverse. Pour un enfant, une mère restera toujours une mère !

## Quand papa ne va pas, l'enfant...

Il n'y a pas de raison que l'étude citée à propos des mamans donne des résultats différents lorsqu'il s'agit des papas. Mon expérience professionnelle m'a amené à recevoir des enfants ou des adolescents dont les pères avaient de grosses difficultés de santé ou des difficultés professionnelles importantes. Ces enfants en étaient le plus souvent fortement affectés, mais l'exprimaient plus difficilement ou avec beaucoup plus de retenue que lorsqu'il s'agissait de la maman. Il n'est pas étonnant que l'enfant soit imprégné du stéréotype social : « L'homme doit être fort et ne pas se montrer défaillant. » Le paradoxe fait que l'angoisse de l'enfant dans ce cas est inhibée. Lorsqu'il peut exprimer cette angoisse, comme lorsqu'il s'agit des difficultés de sa mère, l'enfant est pris entre la colère et la peine de voir son père affaibli. Que faut-il faire ? Que faut-il dire ? Je proposerai les mêmes recommandations que lorsqu'il s'agit de la maman qui ne va pas (p. 246).

*Chapitre 18*

# LES GRANDS-PARENTS

Jusqu'à une époque assez récente, les grands-parents, tant qu'ils étaient vivants, ont le plus souvent participé à l'éducation de leurs petits-enfants en aidant les parents par leur présence, leurs conseils, leur soutien affectif et leur expérience de la vie. Les conflits ne manquaient pas, mais la stabilité d'une génération à l'autre des modes éducatifs favorisait, du moins pour l'enfant, des repères stables. Le monde contemporain a souvent éloigné géographiquement les parents des grands-parents. Surtout, les critères éducatifs ont évolué d'une génération à l'autre. En revanche, les grands-parents vivent plus longtemps et en meilleure santé. Leur disponibilité pour aider les parents ou recevoir leurs petits-enfants varie néanmoins selon chacun. Plus libres, plus patients, les grands-parents prennent parfois la relève notamment le mercredi ou à la sortie des classes lorsque les parents sont occupés. Comme les enfants ou les adolescents me le disent souvent, leurs relations avec leurs grands-parents ou au moins avec l'un d'entre eux sont des relations privilégiées. Celles-ci sont d'autant plus importantes lorsque le mode de vie des parents est la source d'un manque de temps, d'indisponibilité ou de difficultés familiales ou de couple. Une enquête américaine a montré que les jeunes issus d'un environnement social non favorisé ou qui avaient un caractère difficile s'étaient mieux intégrés socialement et avaient acquis un meilleur équilibre psychologique lorsqu'ils avaient pu bénéficier de la présence de leur grand-mère maternelle dans la petite enfance[1]. Les grands-parents, à condition qu'ils s'intéressent à leurs petits-enfants et qu'il n'existe pas de conflit éducatif majeur entre eux et les parents, sont une ressource importante pour les enfants et les adolescents[2].

### La distance bienveillante

Caroline et Hugues ont deux enfants, Éléonore et Julien. Ils ont l'un et l'autre un travail absorbant, mais souhaitent bien élever leurs enfants. Caroline fait tout ce qu'elle peut pour, quand elle rentre le soir, faire travailler leurs leçons et leurs devoirs à « ces deux amours ». Le problème est que ce moment de la soirée n'est pas toujours facile. Caroline est également prise par ses tâches de maîtresse de maison et Julien qui a 7 ans est parfois fortement réticent à ce travail du soir à la maison. Un soir, la mère de Caroline est présente à ce moment particulier de la soirée. Elle assiste alors à une scène qui n'est pas exceptionnelle, où sa fille Caroline s'énerve de voir son fils Julien s'opposer à elle. Plus elle lui dit qu'il est capable de donner l'orthographe des chiffres compris entre 17 et 29 puis celle des chiffres compris entre 101 les 110, puisqu'il a déjà su le faire, plus il s'énerve lui-même, pleure et s'oppose. La grand-mère de Julien n'ose pas intervenir sur le moment et a sûrement raison. Mais, le lendemain, parlant avec sa fille Caroline du côté parfois encore bébé de Julien, elle lui dit : « Tu sais hier soir, j'ai vu ce qui s'est passé et je pense que ça pourrait mieux se passer. » Caroline rétorque que Julien n'a pas un caractère facile et que le soir elle n'a pas beaucoup de temps elle-même. La mère de Caroline ajoute alors : « Tu ne penses pas qu'en s'énervant on perd encore plus de temps ? » Ce à quoi Caroline répond : « Tu as raison ! »

L'amour de cette grand-mère pour ses petits enfants et pour sa fille l'amène à être attentive à chacun.

Son bon sens fait qu'elle n'intervient pas dans un moment de tension. Sa logique lui permet de trouver le bon argument pour se faire comprendre.

*Chapitre 19*

# LES MILLE VISAGES DE LA FAMILLE

De tout temps, chaque famille a constitué un système plus complexe qu'il n'y paraît, pour un regard extérieur ou peu averti. Aujourd'hui, à cette complexité du système s'est ajoutée la complexité des statuts, des représentations symboliques et des fonctions de chacun.

## La famille recomposée

Près d'un million et demi d'enfants vivent dans une famille recomposée. Les droits et les responsabilités de chacun ne sont pas faciles à définir. Mon expérience me conduit à constater qu'il existe beaucoup de situations différentes. Plusieurs facteurs sont à prendre en compte : le caractère de l'enfant plus ou moins sensible et son attachement à chacun des parents ; la qualité relationnelle entre les parents séparés ; la capacité du beau-père ou de la belle-mère à trouver la bonne distance avec les enfants de son nouveau conjoint, et bien évidemment la capacité du parent à faire respecter la place de chacun. Tout ceci n'est pas toujours aussi simple qu'on le souhaiterait. Tout l'enjeu est de savoir se faire aimer de part et d'autre sans jamais en faire ni trop ni pas assez. Le chantage au besoin d'amour ou au rejet n'est pas loin. Les enfants n'aiment ni être rejetés ni que leur parent devienne à leur égard un mendiant de l'amour. La culpabilité n'est jamais loin non plus. Certains pères ou mères divorcés, ceux surtout qui sont à l'origine du divorce, ont des difficultés à imposer des limites. Plus souvent pour les pères s'ajoute l'argument de ne pas voir souvent leur enfant et ainsi de vouloir préserver ces moments de rencontre et privilégier une atmosphère agréable. L'amour et la logique doivent retrouver ici toute leur raison de se compléter. Il n'est pas toujours facile d'aimer un enfant qui n'est pas le sien, surtout lorsque celui-ci vous teste, vous dit parfois violemment qu'il ne vous aime pas, qu'il n'a rien à faire de ce que vous lui dites ou encore pire vous insulte. Dans ce cas, le bon sens et la logique dépendent de l'attitude du parent direct. Ce dernier doit clairement exprimer son autorité parentale et faire comprendre à l'enfant à partir d'exemples concrets concernant les charges de la maison, les loisirs ou les sorties qu'il n'a rien à gagner à se comporter ainsi et que ce sera « perdant-perdant ».

La question principale concerne les différences de point de vue sur la vie et l'éducation de l'enfant de façon générale mais avec des conséquences concrètes dans la vie quotidienne. On retrouve ici, mais de façon multipliée, le risque de conflit qui existe entre deux parents sur ce sujet (p. 262).

## Les parents de cultures différentes

Les couples mixtes sont de plus en plus fréquents. Comme pour tout couple, la rencontre et les premiers temps de vie en couple sont heureux. Les deux membres du couple vivent ensemble, s'aiment, partagent leurs joies et leurs préoccupations. Leurs propres parents, parfois les frères ou sœurs ou leurs amis respectifs avant qu'ils se connaissent, s'interrogent souvent plus qu'eux-mêmes sur les problèmes que leur différence d'origine ou de culture pose. C'est généralement le regard extérieur qui renvoie ces couples à leur mixité. Il est parfois nécessaire pour l'un ou pour l'autre de s'éloigner de sa famille d'origine pour pouvoir vivre sa propre vie et aimer ailleurs. Peu à peu, pour le couple lui-même, comme pour tout couple, la question est de se trouver plus de points communs que de références différentes et de partager les mêmes intérêts ou une même passion. Seulement, ici, la question intervient souvent plus rapidement. Quand ce couple devient parent, les points de friction peuvent être plus aigus : le choix du prénom, de la religion, les règles éducatives des grands-parents, le choix de l'école, etc. Ici, de vrais conflits peuvent surgir ; le respect mutuel et la nécessité pour chacun de négocier demandent plus d'attention qu'ailleurs.

*Chapitre 20*

# LES CONFLITS ENTRE PARENTS

Existe-t-il des parents qui peuvent affirmer sans réserve qu'ils n'ont jamais eu de conflit entre eux sur la manière de répondre aux questions que leurs enfants leur posaient ? Quand on est parent, il est également normal qu'à un moment ou à un autre, on soit en désaccord avec son conjoint. Ne pensez pas qu'il faille éviter les conflits à tout prix, les enfouir ou juger négativement de façon systématique votre enfant, son père, l'enseignant avec lequel votre désaccord est patent. Le conflit fait partie de la vie, y compris de votre vie intérieure. En revanche, faites, avec bon sens et logique, tout pour ne pas l'entretenir.

## Le bal des mots dits

Vous l'avez déjà regretté, mais trop tard c'est dit ! Bien que l'éducation ne se transmette plus de génération en génération de manière identique, chaque parent a sa propre manière de voir ce qu'il doit faire ou surtout dire. À partir de l'éducation qu'il a reçue de ses parents, de ce qu'il observe chez ses amis, des conseils qu'il reçoit ou des lectures qu'il fait, chaque parent à sa propre idée de l'esprit dans lequel il doit élever son enfant et plus concrètement sur ce qui dans telle situation doit être dit ou fait.

Il peut consciemment ou non fonctionner en s'identifiant à l'éducation reçue de ses propres parents. « Ma mère m'a toujours dit ça, et je ne m'en porte pas plus mal ! », « Mon père, lui, il ne me laissait pas tout faire », dira cette mère au père de ses enfants. « Ma mère n'était pas si mère poule », dira ce père à son épouse qu'il trouve beaucoup trop anxieuse et protectrice. Un parent peut aussi fonctionner en contre-identification par rapport à ses propres parents. « Je sais que je n'ai aucune autorité sur ma fille », me dira cette mère devant son mari qui incontestablement le lui reproche, « J'ai eu des parents tellement sévères », ajoute-t-elle. Une autre mère me dit : « Je ne supporte plus mon mari, tellement il est violent avec mon fils. Cela ne m'étonne pas, son père a été violent avec lui. Je veux rompre la chaîne. »

À un degré moindre, les conflits familiaux sont aujourd'hui bien mieux pris en compte. L'importance de cette question a amené, en 2006, les pouvoirs publics à reconnaître l'utilité de la « médiation familiale » par la mise en place d'un diplôme d'État et par la reconnaissance officielle de la Fédération nationale de la médiation et des espaces familiaux (Fenamef). Le but est clairement défini : « Apaiser les conflits et maintenir les liens entre parents et enfants. » Les municipalités ne sont pas en reste, plusieurs ont créé des « Espaces parent-enfant » qui permettent des rencontres entre parents, avec des professionnels, d'aborder des thèmes spécifiques comme l'accueil du bébé, l'intimité des ados, la justice... quand on est enfant, adolescent, adulte, etc.[1].

L'amour pour votre enfant doit vous amener à chercher un bon compromis quand les désaccords surgissent, et à vous efforcer de ne pas critiquer, surtout systématiquement, votre conjoint quand il prend une attitude différente de la vôtre, surtout devant votre enfant. Évidemment, cela doit être aussi réciproque.

Le bon sens doit conduire à faire la différence entre un désaccord sur les choses essentielles et un désaccord momentané sur une question de vie quotidienne. Votre enfant est un peu anxieux et n'aime pas, à sa sortie de classe, ne pas voir la personne qui doit venir le chercher. À plusieurs reprises, son père est arrivé en retard alors qu'il avait été décidé que c'était lui qui devait venir le prendre à la sortie de classe. Vous vous fâchez, par souci pour votre enfant. Vous pouvez alors prendre le temps d'en parler tranquillement avec son père sans que ce sujet devienne un drame familial.

Par contre, vous trouvez votre mari particulièrement défaillant dans son rôle de père quand il s'agit de faire preuve d'autorité quelles que soient les occasions où vous attendez ce comportement de sa part. Vous lui avez déjà exprimé vos reproches, il les a entendus, après s'être un peu révolté, il a reconnu que cela ne lui était pas facile et vous a promis d'agir différemment. Rien n'y a fait. Il s'agit là d'un désaccord concernant un aspect important dans la vie parentale. Il peut être à l'origine d'un désaccord plus profond dans la vie de couple. Le bon sens doit alors inciter à aborder sérieusement ce sujet, le plus objectivement possible en décrivant l'effet et les conséquences sur l'attitude de votre enfant. Vous pouvez souligner le risque d'incohérence qu'il peut ressentir entre ce que pense et dit sa mère et ce que pense et dit son père. Vous pouvez ainsi honnêtement expliquer à votre enfant que son père lui autorise des choses que vous lui interdiriez, qu'il doit le savoir et surtout ne pas en jouer habilement pour fuir les contraintes mais plutôt se sentir responsable et essayer par lui-même de mieux savoir ce qu'il peut s'autoriser ou pas.

Cette véritable polémique opposant les deux parents doit se transformer en un débat constructif sur l'éducation telle que la conçoivent l'un et l'autre, donnant ainsi l'occasion d'examiner sincèrement s'il est possible ou non d'envisager d'éduquer ensemble votre enfant.

## Le divorce

Il faut cesser de dire que le divorce ne pose pas de problèmes à l'enfant. Les propos du type « il y aura plus de cadeaux aux anniversaires ou à Noël » ne sont qu'un leurre en comparaison de la culpabilité des parents ou de l'angoisse sous-jacente des enfants. Généralement on observe, après un moment initial difficile succédant à la séparation, qu'un cadre plus ou moins clair et structurant se met peu à peu en place.

Lorsque les parents d'un enfant décident de divorcer, ils se posent beaucoup de questions. Les plus fréquentes que j'ai entendues sont : comment le lui annoncer ? Faut-il attendre qu'il grandisse ? Comment le rassurer sur sa vie future, entre celle qu'il aura avec vous et celle qu'il aura avec votre ex-conjoint ? Comment organiser la garde ?

Quand vous lui annoncez votre décision de vous séparer et de divorcer, votre enfant a déjà pressenti, même s'il est petit, que son père et sa mère ne s'entendaient plus et qu'ils allaient « peut-être » se séparer. J'utilise le mot séparation, car, pour l'enfant ou même l'adolescent, les premières questions qu'il se pose sont différentes des vôtres.

La meilleure preuve d'amour que vous pourrez lui porter, dans ce contexte, sera de considérer les problèmes avec son regard, de son point de vue. L'enfant est pris dans ce qu'on appelle un conflit de loyauté. Celui-ci peut se définir comme la possibilité de choisir entre son père et sa mère, choix qui engage ses sentiments envers les deux personnes fondamentales de sa vie en termes d'attachement à savoir chacun des parents.

Pour faire face à cela, lorsque vous êtes vous-mêmes clairement décidés, père et mère, le meilleur moyen est de lui dire que vous allez vous « séparer », le mot est important. Il sait effectivement ce qu'est une séparation, il en a déjà vécu, des petites ou des grandes, évidemment pas du même ordre. Mais, en utilisant ce mot, vous lui permettez déjà d'être au minimum en terrain de connaissance. Le moment venu, lorsque vous l'aurez décidé, vous pourrez lui parler de votre décision de divorcer et lui expliquer ce que le mot divorce signifie, en vous appuyant sur la loi et sur ce qu'elle décidera pour vos vies respectives et sur sa vie future. Votre attention à l'égard de votre enfant vous amènera également à souligner fortement qu'il n'est pour rien dans cet événement, qu'il « conserve toute sa place dans le cœur de sa maman et de son papa » et que vous resterez toujours sa mère et son père qui l'aiment et qui continueront à l'aimer. N'hésitez pas à ajouter qu'il est né d'un amour très fort entre son père et sa mère et que rien ne changera cela. N'hésitez pas non plus à lui dire que vous êtes fier qu'il puisse comprendre ce qui arrive à ses parents et que vous avez confiance en lui. Il est possible néanmoins qu'il pleure, proteste ou cherche à vous culpabiliser en vous disant que c'est injuste. Il peut aussi manifester des petits signes de souffrance et d'angoisse variables et en rapport avec son âge. Tout cela est normal. Une fois de plus, mettez-vous à sa place, mais plus à ses yeux vous vous montrerez sûre de vous, lui direz la vérité et serez confiante dans votre décision, plus il sera rassuré et se sentira en sécurité.

Le bon sens dicte évidemment que l'enfant ne soit pas pris à partie et que vous lui parliez de cet événement marquant pour lui. Cela suppose d'en avoir déjà parlé ensemble avec son père, de vous être mis d'accord sur ce que vous lui direz et ne lui direz pas et de présenter ensemble, en montrant ainsi que vous êtes toujours ses parents, ce que vous avez décidé de lui dire ensemble. Vous savez que cette transformation dans votre vie demande du temps ; l'avantage pour vous et surtout pour lui est qu'un changement aussi important soit le moins traumatique et donc le moins brutal possible afin qu'il puisse peu à peu « métaboliser » dans son esprit ce qui arrive et qu'il n'a généralement pas désiré. Le bon sens vous conduira également à lui dire que vous ferez tout votre possible pour être disponible quand il se posera des questions ou voudra vous parler.

Comme d'habitude, la logique doit vous amener à expliquer ensuite simplement et clairement ce que tout cela a et aura comme conséquences dans sa vie quotidienne : irréversibilité de la situation, autorité partagée, vous lui direz que vous êtes l'un et l'autre responsables de lui, les conséquences financières induites, etc. Ne vous trompez pas, il entendra tout mais retiendra seulement les points qui affectent plus personnellement sa vie : les lieux où il vivra, à quel moment, l'école qu'il fréquentera, s'il sera lui aussi obligé de se séparer de ses amis, s'il vivra avec un beau-père ou une belle-mère, avec des demi-frères ou demi-sœurs, etc. Vous devez savoir que, dans les divorces compliqués, nombre d'enfants font le choix de défendre plus ou moins explicitement un parent et font preuve d'agressivité envers l'autre. Dans l'intérêt de l'enfant, chaque parent doit éviter une politique de dénigrement en disqualifiant ou niant les compétences de l'autre parent, même s'il n'en pense pas moins. Un enfant, de retour d'un week-end passé chez son père, confie à sa mère : « On a découvert de nouveaux jeux... On a bien ri... C'était super ! » Et sa mère de commenter : « Eh alors ? Chez moi, tu ne t'amuses pas ? ! » Au contraire, il est préférable de s'appuyer sur ce qu'on appelle en psychologie le « processus d'accommodation », c'est-à-dire la capacité de s'adapter à la situation telle qu'elle se présente.

*Chapitre 21*

## LES TROIS PROFILS DE PARENTS

Chaque parent, selon son propre caractère mais aussi selon les circonstances de sa vie et de son couple, peut montrer une attitude trop permissive ou au contraire trop restrictive. Chaque parent réfléchit aussi à la manière dont il peut aider le mieux possible son enfant à grandir et à être bien avec lui-même. Le « métier » de parent n'est pas un long fleuve tranquille. Pour paraphraser Woody Allen qui disait avec son humour habituel : « L'Éternité c'est long, surtout vers la fin », on pourrait dire : « La responsabilité d'être parent, parfois c'est long, surtout tout le temps. »

Je distinguerai ainsi trois types de parents : les parents « planeurs », les parents « commandeurs » qui contrôlent perpétuellement les comportements de leur enfant et les parents « constructeurs » qui aiment leur enfant en prenant en compte les étapes de son développement personnel et social. On peut être, selon les situations, par moments l'un et à d'autres moments l'autre. L'important est de tendre le plus souvent possible vers ce que j'appelle l'attitude des « parents constructeurs » dont j'ai présenté les principales caractéristiques dans ce livre.

Pour moi, incontestablement, sans chercher la perfection, il vaut mieux essayer d'être le plus souvent un parent « constructeur » qu'un parent « planeur » ou un parent « commandeur ».

## Quand un parent « plane »

Un enfant qui manque de repères est un enfant qui risque de se sentir abandonné. Les parents planeurs sont des parents menacés par le laisser-faire. Peut-on laisser un enfant se nourrir n'importe comment, dormir n'importe quand ou s'habiller avec n'importe quoi quels que soient la température extérieure ou le contexte ? Peut-on laisser un enfant se débrouiller seul pour subvenir à ses besoins ? Peut-on laisser plusieurs jours un enfant refusant obstinément de se laver ou dans une chambre sale au point d'être mal à l'aise en raison de l'odeur qui y règne ? Peut-on laisser un enfant utiliser constamment des mots agressifs ou grossiers sans le reprendre et lui montrer que cela se retournera tôt ou tard contre lui ? Si une ou plusieurs de ses attitudes est trop fréquente ou pire érigée en principe, elle ne peut conduire qu'à faire grandir l'enfant dans un contexte insécurisant ou chaotique. Dans son beau roman, *Mon petit bunker,* Marine Bramly, poursuivant avec pudeur et humour son travail d'introspection, montre comment, livrée à elle-même par des parents trop anticonformistes, la plus libertaire des jeunesses peut finir par se transformer en prison : « Artiste en panne d'inspiration, femme en panne de vie[1]. » Tout parent peut parfois baisser momentanément les bras ou juger face à une situation particulière qu'il vaut mieux laisser faire que se battre inutilement. Quand cette adolescente dit à son père qu'elle n'est pas une « tepu » (une pute en langage 9-3, comme elle m'explique elle-même) parce qu'elle met des jupes trop courtes, ce père pour cette fois ne la reprend pas car il lui a déjà dit plusieurs fois qu'elle n'était pas forcée de le provoquer. Il laisse faire ponctuellement. Si ce père n'était jamais intervenu face à cette adolescente en pleine crise, il aurait été un parent « planeur ».

Le parent planeur a souvent une peur excessive du conflit, craint parfois d'être lui-même pris en défaut, de manquer d'attention aux autres ou ne sait pas se confronter aux contraintes de la vie. Il peut aussi se sentir inconsciemment trop culpabilisé de manifester son autorité parentale.

## Les parents commandeurs

Un enfant ayant trop de limites risque de se sentir écrasé. Cela peut susciter en lui une révolte qu'il gardera longtemps intériorisée avant qu'elle finisse tôt ou tard par éclater. Un besoin excessif de protection de la part des parents correspond à un désir de maîtrise.

Les parents commandeurs sont des parents menacés par un besoin excessif d'ordre. Cette attitude éducative érigée en principe comporte le risque que l'enfant grandisse dans la peur de l'erreur et dans le manque de confiance en soi. Plus grave encore, il peut ressentir ce que « poil de carotte » ressent quand il dit à propos d'une mère particulièrement difficile : « Ça t'étonne qu'on souffre de ne pas savoir se faire aimer ? »

Les parents commandeurs désirent tout savoir de leur enfant et le modeler selon leurs besoins et leurs attentes personnelles. Ce désir de maîtrise et de contrôle marqué représente évidemment un fantasme de toute-puissance et surtout une grande illusion. L'enfant, puis surtout l'adolescent, cherchera à leur échapper sous des formes plus ou moins transgressives. L'enfant ou l'adolescent a besoin d'avoir du temps pour lui-même et d'exprimer ses désirs personnels.

Les parents commandeurs, dont les maîtres mots sont la discipline et la perfection, peuvent exercer une autorité froide et rigide. En conséquence, l'enfant peut développer un sentiment excessif de culpabilité avec la peur constante de mal dire ou de mal faire, une inhibition dans sa relation aux autres ou, paradoxalement, devenir lui-même très autoritaire.

Ce comportement des parents commandeurs traduit souvent une grande anxiété qui les conduit à fuir constamment l'imprévu et l'incertain. Dans une recherche incessante de la sécurité, ils manifestent une hypervigilance et une surveillance d'eux-mêmes et des autres, qui les conduisent d'une manière générale à planifier l'existence et à anticiper de façon constante ce qui pourrait se produire de négatif. Trop de logique tue la logique. Le risque est de communiquer insidieusement ce comportement d'angoisse à l'enfant.

Il n'est pas toujours possible d'échapper constamment à ce profil de parent « commandeur », comme au précédent, le parent « planeur ». Ma recommandation reste néanmoins de tendre le plus souvent possible vers le profil suivant, le parent constructeur.

## Les parents constructeurs

Nous avons vu les risques de dérive aux deux extrêmes, les parents planeurs d'un côté qui laissent trop faire, et de l'autre les parents commandeurs qui sont dans l'obsession du contrôle. Ni le laisser-faire ni l'ordre à tout prix ne peuvent permettre à l'enfant de grandir et de devenir responsable. Mais il ne suffit pas de dire que la recette se situe dans un bon équilibre entre les deux. Il ne suffit pas de dire qu'un peu de l'un et un peu de l'autre formeront le bon compromis. Les parents ont besoin de repères plus précis pour réussir le mieux possible ce difficile métier de parent. Même s'il n'existe pas de parent parfait, ces trois repères – l'amour, la logique et le bon sens – représentent, lorsqu'ils sont harmonieusement combinés, le secret d'une parentalité réussie.

Les parents constructeurs recherchent l'authentique, le vrai et l'apaisant. Pourquoi ? Ils s'interrogent sur le regard que l'enfant porte sur le monde. Ils ne sont pas alors étonnés d'y déceler la recherche de l'authentique, du vrai et du paisible ; le rôle des parents est de chercher à en être les meilleurs représentants.

Quel parent n'a pas été amené à dire à son enfant ? « C'est possible » ou « Ce n'est pas possible », « C'est vrai » ou « Ce n'est pas vrai », « Ça existe » ou « Ça n'existe pas ».

Dès qu'il a 3 ans, l'enfant s'interroge sur ce qui est et ce qui n'est pas, démarche inaugurée par la question de ses origines et qui précède l'émergence de l'idée de la vérité. Ce questionnement lui apprend à distinguer le réel de l'imaginaire, à faire la part entre le possible et l'impossible. L'importance du jeu chez l'enfant en est la meilleure preuve. À la limite du réel et de l'imaginaire, du possible et de l'impossible, l'enfant apprend rapidement à faire la différence entre ce qu'est jouer et ne plus jouer. L'enfant et l'adolescent ont besoin de parents qui leur transmettent des éléments de réponse, les leurs, à propos de ce qu'ils pensent être des vérités. La meilleure justification en est qu'au moment de l'adolescence des discussions sur la religion, la politique ou la philosophie sont recherchées par les jeunes et qu'elles ne doivent pas être rejetées par les parents. Ces derniers doivent montrer bien évidemment que les vérités auxquelles ils adhèrent participent au fait qu'ils sont heureux : le respect des autres, la justice entre les êtres, admettre la méchanceté de certains, la relativité de posséder, etc. Certes, on a vu que les vérités pouvaient engendrer des fanatismes. Mais je crois que l'enfant a besoin de vérité. Le « bien vivre », de même que l'utile, n'a pas pour lui le même sens que pour l'adulte. Toutes ces questions apparemment graves n'interdisent pas l'humour grâce auquel les parents peuvent montrer qu'on peut avoir des conversations sérieuses tout en s'amusant. Je pense ici à l'histoire drôle que le philosophe et sociologue, Gérard Rabinovitch[2] raconte : « Un prêtre, un pasteur, un rabbin dissertent du commencement de la vie dans leurs spiritualités respectives. Le prêtre : “La vie commence à la conception !” ; le pasteur : “La vie commence à la naissance !” ; le rabbin : “La vie commence quand les enfants ont leurs diplômes et sont mariés !" » Un adolescent, alors amusé, à qui un parent racontera cette histoire sera plus ouvert non seulement à la question des origines mais aussi à l'ouverture à d'autres croyances religieuses que celles de sa propre communauté, s'il appartient à l'une d'entre elles.

Les parents constructeurs sont poussés par une seconde conviction : si nous, parents, sommes heureux, ils le seront aussi. Rendre ses enfants heureux est une aspiration légitime. Mais qu'est-ce qui rend heureux un enfant ? On s'interroge beaucoup aujourd'hui sur la question du bonheur et du bien-être. Cela obsède-t-il à ce point les adultes et donc les parents ? Plus encore, si les parents et les enfants savent créer des moments de joie, de fantaisie et de rire ensemble, le bonheur est à portée. Si l'enfant, dans ses jeux, dans ses pensées et même dans ses activités apparemment « sérieuses », imagine ou fantasme plus facilement qu'un adulte, un parent « constructeur » reconnaît cette capacité de fantaisie qu'il conserve en lui plus ou moins spontanément.

L'enfant grandit, se développe, se transforme peu à peu, sur le plan physique et sur le plan mental. Le parent constitue pour l'enfant ce qu'un psychanalyste a désigné sous le terme d'« objet transformationnel[3] ». Le bébé veut, presque dès sa naissance, acquérir son autonomie, mais celle-ci est sous la dépendance des rencontres avec ses parents, « objets transformationnels » les plus satisfaisants possible. Cette dépendance est fondatrice, néanmoins elle est également paradoxale puisque l'enfant doit dépendre de quelqu'un pour gagner son indépendance.

Le processus est presque identique à l'adolescence. Les jeunes savent bien qu'ils ont besoin des parents pour se transformer, mais cette dépendance les inquiète. Lorsque les adolescents disent que leurs parents ne les voient pas grandir, ils expriment le sentiment qu'ils ne sont pas maîtres d'eux-mêmes et que c'est l'extérieur qui règle leur destin. Pourtant, les adolescents souhaitent ardemment construire leur propre vie et avoir la liberté de leur destinée. Ils perçoivent tellement les mouvements de leur transformation interne que les freins parentaux les conduisent parfois à une sorte de paranoïa : ce sont les autres qui les empêchent de vivre ; tous les échecs, toutes les déceptions sont à mettre à leur compte. À l'adolescence, l'objet transformationnel est obligatoirement un parent fort et sécurisant. C'est ce qui explique que tous les adolescents souhaitent être plus âgés qu'ils ne sont en réalité, et gagner ainsi un peu plus de liberté. C'est un combat permanent : ils aspirent à sortir plus tard le soir, à rentrer quand bon leur semble du collège ou du lycée et à avoir une chambre à eux, dont ils ferment soigneusement la porte. Ils craignent que leurs parents les empêchent de vivre leur destinée : ils ont peur de ne pouvoir être eux-mêmes, tout en ayant besoin de leurs parents. Un grand spécialiste de l'adolescence, Philippe Jeammet, a insisté sur le fait qu'un enfant élabore peu à peu son monde mental, ses « représentations internes » en construisant progressivement ce qu'il pense ou ressent, à partir des expériences qu'il vit dans sa réalité quotidienne. Si ce qu'il projette sur cette réalité, c'est-à-dire ce qu'il pense qu'elle est, dans son cadre familial, ce qu'il pense que ses parents diront ou feront, vient confirmer ce qu'il anticipait, conférant un supplément de réalité à ce qu'il pense, il le pensera encore plus. Si, au contraire, ses parents ne se comportent pas comme il le prévoyait ou n'acceptent pas ses « projections », cette réponse parentale les corrigera et les modifiera dans son esprit. Ainsi, on comprend mieux que la capacité des parents à créer des liens familiaux forts soit un facteur déterminant du bonheur familial. Comment ? En favorisant constamment les échanges lors des conversations en commun ou des activités rassemblant parents et enfants ; en développant une connaissance et un respect des intérêts des uns et des autres ; en cultivant des moments partagés de plaisir, de fantaisie et de fou rire.

Il en est ainsi du bonheur familial, comme du bonheur en société, c'est en cultivant l'échange avec l'autre que l'on réussit à vivre en meilleure harmonie et le rôle des parents est bien d'être ce pilier fondateur, ce transmetteur et ce vecteur d'échanges.

# CONCLUSION

Beaucoup de parents aujourd'hui se sentent en difficulté quant à l'éducation à donner à leurs enfants. Relevons ce challenge : les pessimistes ne seraient-ils que des optimistes mal informés ? Au cours de toutes ces dernières années, les parents ont vu leurs références éducatives radicalement évoluer, certaines favorables aux enfants, d'autres moins. Il est temps de faire le point. Comment ? J'ai proposé tout au long de ce livre les petits secrets d'une éducation la plus réussie possible. L'objectif est qu'au-dclà des conseils pratiques transparaisse ici la possibilité de donner des principes de vie qui laissent une large place au plaisir de l'enfant et aussi à celui du parent.

Les enfants sont des êtres sensibles avant d'être rationnels... les parents aussi mais parfois trop. Il ne s'agit pas de revenir sur l'amour que tout parent devrait porter à son enfant mais de proposer qu'il lui parle avec un langage de bon sens, c'est-à-dire de façon claire et précise, en ne se laissant aller ni à la culpabilité ni à la fausse éloquence. Si ce parent peut y ajouter une touche de logique, en utilisant sa capacité d'argumenter son attitude éducative auprès de ces chérubins contemporains qui n'ont pas leur langue dans leur poche, et y associer sourire et touche de fantaisie, je fais le pari que le monde de demain verra des enfants contester moins leurs parents. Grâce à ces derniers, ces enfants se sentiront plus confiants en eux, seront plus fiers et sauront prendre des responsabilités en harmonie avec leur âge.

Si vous aimez votre enfant, si vous faites confiance à votre bon sens et au temps, si vous accompagnez votre enfant dans son développement, en tenant compte de ses points forts et de ses faiblesses, vous saurez vous dire, avec le recul, que vous avez été le meilleur parent qu'il puisse avoir.

Je suis convaincu qu'un parent peut se sentir heureux lorsqu'il donne de l'amour à ses enfants et en reçoit autant en échange. Ainsi chacun trouve un sens à sa vie.

*Annexe I*

# PETIT GUIDE DE SURVIE OU DOUZE CONSEILS PRATIQUES

## • « Converser » le plus souvent possible avec l'enfant

Soyez simple sans être approximatif, soyez précis sans être sec. Converser, vous le savez, c'est pouvoir se parler authentiquement et familièrement sans s'exalter, même si on s'oppose. Converser, c'est débattre sans chercher à polémiquer.

## • Tenez compte des étapes physiques et mentales de son développement

Adaptez l'environnement à sa force et à sa hauteur en lui demandant de participer et en mettant ce dont il a besoin à sa portée. Ceci est vrai sur les plans physique et mental. Par exemple, physiquement, ne marchez pas trop vite, ses petites jambes ne suivent pas, l'étagère ne doit pas être inaccessible, etc. ; mentalement, estimez ses efforts scolaires par rapport à son âge réel et non pas à l'âge moyen de la classe, ne lui demandez pas de vous écouter comme un adulte le ferait, etc.

**• Faites des activités agréables ensemble**

Une étude auprès d'enfants de 4 ans montre que ceux qui font de la musique ensemble s'entraident plus et se montrent spontanément plus sociables[1]. Ce qui est vrai pour les enfants entre eux l'est tout autant pour les parents avec les enfants. Toute activité culturelle pratiquée ensemble, adaptée à l'âge de l'enfant et à ses intérêts, est favorable à son développement.

Je recommande aussi particulièrement la pratique du sport. Le sport permet de nouer des liens familiaux en pratiquant une activité commune ou un intérêt que ressent l'enfant de la part de ses parents par l'encouragement et les conseils qu'ils lui donnent.

Le sport permet de valoriser son enfant, et de se valoriser lui-même mais sans se survaloriser. Le sport détend vraiment. Il permet de déclencher des endorphines source de bien-être.

Le sport permet de s'amuser, de jouer tout en se concentrant et en faisant un effort physique et mental.

Le sport favorise des rencontres, des amitiés qui pourront parfois durer toute une vie. Il élargit à tout âge le cercle de vos amis.

Le sport permet de sortir de la routine quotidienne, de découvrir l'autre dans ce qu'il vous apporte et dans ce qu'il partage de façon identique à vous.

Certains sports comme par exemple, la marche, les sports de voile ou le golf permettent de découvrir de nouveaux lieux.

### • Transformer en jeu les activités que l'enfant ressent comme une contrainte

Dans ses premiers fondements de l'éducation, François Fénelon, le célèbre pédagogue recommandait déjà en 1687 : « Laissez donc jouer un enfant, et mêlez l'instruction avec le jeu. » Le travail scolaire à la maison représente pour la majeure partie des enfants et des adolescents une contrainte. Transformer, par moments, les devoirs en un jeu télévisé, en comptant les points et en chronométrant, peut détendre l'atmosphère. Au lieu de lui faire répéter sa liste de vocabulaire, on peut écrire plusieurs mots sur une feuille et lui demander de retrouver ceux qu'il doit connaître. On peut jouer au fameux jeu « Les chiffres et les lettres » ou à « Qui veut gagner des millions » pour améliorer la culture générale. Il existe maintenant beaucoup d'« applications » pour votre ordinateur ou votre smartphone qui sont des jeux correspondant à des apprentissages scolaires, des jeux demandant de la réflexion ou des jeux de stratégie. Il y en a aujourd'hui pour tous les âges.

### • Pratiquez l'humour

L'humour est la meilleure manière de gérer des situations conflictuelles. Mais ne dites pas à un enfant de 4 ans : « Tu as une mémoire de poisson rouge. » Le second degré ne s'ouvre à eux que vers 7-8 ans.

### • Faites des surprises agréables à vos enfants

Quel parent n'a pas joué lorsque son enfant était encore un tout-petit au jeu de la « bébête qui monte » ! Ici, la surprise s'accompagne d'un sourire si ce n'est d'un rire.

Lorsque votre enfant est plus âgé, vous pouvez, alors qu'il ne s'y attend pas, aller le chercher à l'école, lui faire un petit cadeau ou l'emmener au cinéma, sans qu'il s'agisse d'une récompense liée à son travail ou à une bonne action de sa part. La surprise c'est le « sel de la vie », comme le rappelle Daniel Marcelli : « Elle permet à l'enfant d'investir l'écart entre la chose attendue est celle qui se réalise... Elle amène aussi l'enfant à apprendre, quand il sera grand, le scénario futur de la rencontre amoureuse dont un des ressorts est... la surprise[2] ! »

### • Adaptez de nouveaux comportements quand les anciens ne marchent plus

Pour préserver votre équilibre personnel de parents et pour vous sentir utile et efficace, il est inutile de vous obséder sur une attitude dont vous considérez que l'effet sur votre enfant est quasiment nul ou a même un effet inverse. Si vous répétez inlassablement : « Range ta chambre », sans aucun effet, ne vaut-il pas mieux lui montrer comment il peut intelligemment ranger sa chambre pour avoir plus d'espace et pouvoir, par exemple, mieux jouer ou mieux travailler ?

### • Inverser vos formules

Plutôt que d'interdire puis de menacer de punir en cas de transgression : « Je t'interdis d'aller jouer dehors à cette heure, sinon tu n'iras pas demain chez ton ami », il est préférable de dire : « Tu iras demain chez ton ami, si ce soir tu ne réclames pas d'aller jouer dehors. »

Il est préférable de favoriser la confiance en soi de l'enfant que de souligner ses défaillances. « Cet exercice ressemble à d'autres que tu as déjà faits et que tu as réussis, pourquoi ne réussirais-tu pas celui-ci ? » est meilleur que : « Ne fais pas comme parfois, concentre-toi sur cet exercice. »

**• Il vaut mieux penser avant de réagir dans des moments cruciaux**

L'école vient de vous annoncer que votre enfant doit redoubler. Ne vous précipitez pas pour insulter les enseignants ou pour immédiatement annoncer à votre enfant qu'il ira en internat. Réfléchissez aux raisons de cette annonce et comment, plutôt que d'en faire un échec, l'utiliser pour que son adaptation à l'école soit meilleure.

**• Évitez les humiliations**

L'enfant est très sensible à l'humiliation. Les parents doivent éviter même s'ils le font sur un mode humoristique les fameux « T'es nul », « Tu es bête ou quoi ». Les enfants peuvent le dire souvent méchamment entre eux, les moqueries entre enfants ne sont pas rares. Ce n'est pas une raison pour, en tant qu'adultes, parents ou enseignants, avoir les mêmes manières. Votre propos sera non seulement vécu comme une agression mais aussi comme une humiliation.

**• Apprenez-leur le gagnant-gagnant**

Un enfant peut comprendre très vite le « jeu » du gagnant-gagnant. L'amour ne s'achète pas, mais il s'échange. L'enfant sent très vite que plus il aimera ses parents, plus ses parents l'aimeront et réciproquement, plus il se montrera responsable, plus ils seront fiers de lui, plus il réussira, plus il se sentira lui-même en confiance. La vie n'est pas un jeu, mais elle est aussi un jeu.

### • Cherchez des bons conseils quand vous en avez le plus besoin

« Les conseilleurs ne sont pas les payeurs » est une maxime qu'il vaut mieux avoir à l'esprit. Vous entendrez, souvent des conseils sur la façon d'agir pour aider votre enfant à s'endormir, quelle alimentation est recommandée, quelle école lui conviendrait le mieux, à quelle heure il doit rentrer après une sortie le soir, etc. Certains de ces avis vous aideront mais ne vous laissez pas trop influencer. Par contre, si vous avez des questions importantes qui vous préoccupent, seules celles-là méritent vraiment de votre part de chercher les bonnes informations, d'entendre différents points de vue pour vous faire votre propre idée. Vous vous interrogez sur le refus de nourriture de votre fille ou sur les attirances sexuelles de votre adolescent : est-elle ou est-il normal, devez-vous consulter un spécialiste, comment lui en parler ? Vous avez besoin d'en parler à des personnes de confiance, d'avoir des conseils sur l'attitude à avoir, etc. Il est alors tout à fait normal que vous cherchiez une aide.

*Annexe 2*

## QUEL TYPE DE PARENT ÊTES-VOUS ?

Utilisez trois crayons de couleurs... comme vos enfants. Pour chaque question : cochez en vert si vous vous reconnaissez dans la première réponse, cochez en rouge si vous vous reconnaissez dans la deuxième réponse, cochez en bleu si vous vous reconnaissez dans la troisième réponse.

Quand votre bébé ou votre enfant a du mal à s'endormir :
— vous le prenez très vite dans vos bras ;
— vous attendez un peu pour voir s'il se calme ;
— il doit apprendre à s'endormir seul.

La question du loisir du week-end se pose :
— vous pensez avant tout à ce qui pourrait convenir à votre enfant et même si cela ne vous plaît pas, c'est votre priorité ;
— vous décidez ce que vous et votre conjoint appréciez et vos enfants n'auront qu'à suivre ;

— vous motivez votre enfant en lui expliquant que vous partagerez ensemble l'activité à laquelle vous avez pensé.

La salle de bains est dans un désordre total et ne retrouvez pas vos affaires :

— vous n'attachez pas d'importance à ce type de problème ;

— vous demandez à votre enfant non seulement de ranger ces affaires de toilette mais en même temps de ranger totalement sa chambre ;

— vous expliquez à votre enfant qu'il est beaucoup plus agréable de se préparer et de se laver le matin sans avoir à s'énerver à chercher ce dont on a besoin.

Une bagarre éclate entre vos enfants :

— vous intervenez fermement et demandez à chacun ce qu'il pense d'une bagarre inutile ;

— vous en prenez un au hasard, une bonne claque et au lit ! Pour l'exemple ;

— qu'ils se débrouillent.

Votre ado rentre saoul, vous lui dites :

— je n'accepterai jamais un comportement comme ça ;

— vous ne dites rien en pensant qu'à son âge vous étiez loin d'être un exemple ;

— vous lui expliquez que cela peut arriver mais vous voulez réellement, compte tenu du danger que son comportement peut entraîner, qu'il y ait toujours un ou une de ses amies qui ne boivent pas de la soirée pour l'accompagner ou le ramener.

Au premier coup d'œil, qu'est-ce qui vous frappe :

— votre enfant est souriant et vous en êtes fier ;

— que vont penser ses enseignants s'il le voit avec sa chemise déboutonnée ;

— il s'habille comme il veut.

La revue que vous lisiez a disparu :

— vous vous demandez ce qui peut intéresser votre enfant ;

— vous n'acceptez pas qu'on emprunte votre journal sans vous le demander ;

— ce n'est pas grave, vous chapardez souvent la revue qui vous intéresse.

Un jour, dans cette rue du quartier, vous avez eu peur de vous faire attaquer :

— si votre enfant risque d'y passer, il sera peut-être plus courageux que vous ;

— vous interdisez fermement à votre enfant de passer par cet endroit ;

— vous expliquez à votre enfant ce qui vous est arrivé et lui demandez ce qu'il aurait fait.

Vous souhaitez prendre votre enfant en photo :

— dans la pratique du sport où vous le sentez motivé ;

— lorsqu'il joue à un jeu éducatif ;

— quand il fait le fou même si ce n'est pas le moment.

Il vous semble en ce moment très capricieux :

— vous n'êtes pas prêt à supporter çà ;

— il faut laisser les enfants exprimer leur désir ;

— vous cherchez les raisons de ces difficultés passagères, en en parlant avec lui, si son âge le permet.

*Les résultats :*

Vous avez un maximum de points verts, vous êtes un parent planeur.

Vous avez un maximum de points rouges, vous êtes un parent commandeur.

Vous avez un maximum de points bleus, vous êtes un parent constructeur.

# NOTES BIBLIOGRAPHIQUES

## Introduction

1. Preuve en est, la création en novembre 2010 par le Premier ministre d'un Comité national consultatif permettant de coordonner les politiques de soutien à la parentalité.

### PREMIÈRE PARTIE
### ÊTRE PARENT AUJOURD'HUI : JOIE OU CAUCHEMAR ?

*Chapitre 1*

## Être un parent parfait : la ballade de l'impossible

1. Golse B., Braconnier A., *Nos bébés, nos ados,* Paris, Odile Jacob, 2008.
2. Purves L., *Comment ne pas être une mère parfaite,* Paris, Odile Jacob, 1994.
3. Lévi-Stauss C., *Tristes Tropiques,* Paris, Poche, Pocket, 2001.
4. Article dans la revue *iCreate* de juillet-août 2011.

*Chapitre 2*

## Le monde change

1. Paru dans le supplément « The New York Times » du quotidien *Le Figaro* du 29 octobre 2010.
2. Marie-Catherine Beuth, « La "digital mom", cible emblématique du Net », *Le Figaro,* 21 février 2011.
3. Missonnier S., *Devenir parent, naître humain. La diagonale du virtuel,* Paris, PUF, 2009.

## *Chapitre 4*
## Quel parent n'a pas eu un jour envie d'abandonner son enfant à d'autres ?

1. INSERM, U562, CEA/DSV, IFR 49, Orsay, France, (2) Département de neurologie, (3) Département de neurophysiologie clinique, (4) Département de neurochirurgie, (5) Département de neuroradiologie, AP-HP, Hôpital de la Salpêtrière, Paris, IFR 70, Paris, France (6) Université Paris-VI, Faculté Pitié-Salpêtrière, Paris, France.
2. Thierry Baccino, directeur scientifique du laboratoire des usages en technologies d'information numérique, université Paris-VIII.

## *Chapitre 5*
## Quel parent n'a pas eu un jour envie de tordre le cou à sa progéniture !

1. Beauvoir S. de, *Mémoires d'une jeune fille rangée,* Paris, Gallimard, 1958.
2. Lieberman A., *La Vie émotionnelle du tout-petit,* Paris, Odile Jacob, 1997.
3. George G., *Mon enfant s'oppose. Que dire, que faire ?,* Paris, Odile Jacob, 2000.
4. George G., *ibid.*
5. Critères diagnostiques selon la nomenclature *DSM-IV.*

## *Chapitre 6*
## Quel parent n'a pas un jour été angoissé ?

1. Fénelon F., *De l'éducation des filles,* Paris, Gallimard, « Bibliothèque de la Pléiade », 1983.
2. *Libération,* 13 décembre 2010, interview par M.-J. Gros et C. Mallaval des auteurs Antilogus P. et Festjens J.-L. du *Guide du toujours jeune père. Enfin la vérité sur les ados ! et c'est pas joli...,* Paris, Michel Lafon, 2010.
3. Braconnier A., Golse B., *Nos bébés, nos ados, op. cit.*
4. *Ibid.*
5. Winnicott D. W., *Jeu et réalité. L'espace potentiel,* trad. par G. Monod et J.-B. Pontalis, Gallimard, Paris, 1975.
6. Braconnier A., Marcelli M., *L'Adolescence aux mille visages,* Paris, Odile Jacob, 1998.
7. Winnicott D. W., *De la pédiatrie à la psychanalyse,* Paris, Payot, 1969.
8. *Le Figaro,* 22 septembre 2011.
9. Corijn M., Klijzing E., *Transitions to Adulthood in Europe,* Dordrecht, Kluwer Academic Publishers, 2001.
10. Van de Velde, *Devenir adulte, sociologie comparée de la jeunesse en Europe,* Paris, PUF, 2008.
11. Delage M., « Les jeunes et l'entrée dans la vie de couple. Approche psychopathologique », *Nervure,* 2002, 15 (6), p. 9-13.

12. Menninger W. C., *How to Be a Successfull Teenager,* New York, Sterling Publishers Inc., 1966.
13. Blos P., *The Adolescent Passage,* New York, Int. University Press Inc., 1979.
14. Fénelon F., *De l'éducation des filles, op. cit.*
15. Erikson E. H., *Adolescence et crise*, trad. par J. Nass et C. Louis Combet, Paris, Flammarion, 1972.

## DEUXIÈME PARTIE
## LES CINQ PRINCIPES À REMETTRE EN QUESTION

### *Chapitre 8*
### L'amour à n'importe quel prix ?

1. Hugo V., *Les Misérables,* Paris, Gallimard, « La Pléiade », 1986.
2. Copper-Royer B., *Vos enfants ne sont pas des grandes personnes,* Paris, Albin Michel, 1999.
3. Journal *Elle,* 6 mai 2011.
4. Kersaudy F., *Hitler,* Paris, Perrin, 2011.

### *Chapitre 9*
### Le laisser totalement s'exprimer ?

1. Droit R.-P., « Hauts-poupons et bas-bambins de Charles Fourier », *Le Monde*, 5 août 2011.
2. Le cas le plus extrême a été à l'origine de la question des témoignages de l'enfant dans des situations de justice (affaire d'Outreau).
3. Hayez J.-Y., *La Sexualité des enfants,* Paris, Odile Jacob, 2004.

### *Chapitre 10*
### Être parent, c'est d'abord savoir se sacrifier ?

1. Cuypers K. et coll., « Patterns of receptive and creative cultural activities and their association with perceived health, anxiety, depression and satisfaction with life among adults : The HUNT study, Norway », *Journal of Epidemiology and Community Health*, mai 2011.
2. Winnicott D. W., *Le Faux-Self, la théorie de la relation parent-nourrisson, de la pédiatrie à la psychanalyse,* Paris, Payot, 1969.

### *Chapitre 11*
### L'autorité étouffe-t-elle ?

1. Montaigne M. de, *Les Essais,* Paris, Gallimard, « Folio », 2009.
2. La Bruyère J. de, *Les Caractères,* Paris, Hatier, 2004.

3. Halmos C., *L'Autorité expliquée aux parents,* entretiens avec Héléne Mathieu, Paris, Nil, 2008.
4. Marcelli D., Eligert S., *La Violence chez les tout-petits,* Paris, Bayard, 2010.
5. George G., *Mon enfant s'oppose, op. cit.*
6. Halmos C, *L'Autorité expliquée aux parents, op. cit.*
7. Marcelli D. Eligert S., *La Violence chez les tout-petits, op. cit.*
8. Oppenheim D., *Là-bas, la vie. Des enfants face à la maladie,* Paris, Le Seuil, 2011.

## *Chapitre 12*
## L'école avant tout ?

1. IFOP, 2011 et « Enquête : 2011, la jeunesse du monde ».
2. Thèse de Thierry Troncin, formateur à l'IUFM de Bourgogne, 2005.
3. Cité dans *Le Monde*, 26 juillet 2011.
4. Tubiana M., *La Science au cœur de nos vies,* Paris, Odile Jacob, 2010.
5. Baromètre 2010 de Trajectoires-Reflex avec les équipes de l'Afev.
6. Alors que 96 % des enseignants britanniques et 90 % des enseignants danois déclarent avoir utilisé un ordinateur en classe, ce taux n'est que de 66 % en France, *Le Figaro,* 26 novembre 2010.
7. Willingham D. T., Antilogus M., *Pourquoi les enfants n'aiment pas l'école,* Paris, La Librairie des écoles, 2010.
8. Étude réalisée par Joseph Bigot, directeur du département Conditions de vie et aspiration.

# TROISIÈME PARTIE
# UN ENFANT CONFIANT EN LUI, RESPONSABLE ET « BIEN ÉLEVÉ »

## *Chapitre 13*
## La confiance en soi, une énergie pour la vie

1. Freud S., « Pour introduire le narcissisme », trad. de D. Berger et J. Laplanche, *in La Vie sexuelle*, Paris, PUF, 1969.
2. Vera L., *Pour aider votre enfant à retrouver le sourire,* Paris, Odile Jacob, 2008.
3. George G., *La Confiance en soi de votre enfant,* Paris, Odile Jacob, 2007.
4. *Ibid.*
5. Braconnier A., *Protéger son soi, pour vivre pleinement,* Paris, Odile Jacob, 2010.
6. Cramer P., Gaul R., « The effects of success and failure on children's use of defense mechanisms », *Journal of Personality Assessment,* 1988, 56, p. 729-742.
7. Braconnier A., *Protéger son soi, op. cit.*

## *Chapitre 14*
## Des enfants responsables, c'est possible

1. Christakis DA., « Internet addiction : A 21st century epidemic ? », *BMC Medicine,* 2010, 8, p. 61.
2. Bonnet G., *Défi à la pudeur,* Paris, Albin Michel, 2003.
3. Article de Bernadette Costa-Prades *Psychologies Magazine*, novembre 2010.
4. Mimoun S., Étienne R., *Ados. Amour et sexualité,* Paris, Albin Michel, 2001.
5. Étude Universum 2011, parue dans *Le Monde économie* le 5 avril 2011.

## *Chapitre 15*
## Les bienfaits de la « bonne éducation »

1. Association des Maisons familiales rurales.
2. Bredin J.-D., *Trop bien élevé,* Paris Grasset, 2007.

# QUATRIÈME PARTIE
# ÊTRE PARENT

## *Chapitre 16*
## Être mère aujourd'hui

1. Changeux J-P., entretien avec l'AFP le 15 octobre 2011, auteur en particulier de *L'Homme neuronal*, Paris, Fayard, 2003 et de *L'Homme de vérité*, Paris, Odile Jacob, 2004.
2. La Bruyère J. de, *Les Caractères, op. cit.*
3. Lelord F., *Petit Hector apprend la vie,* Paris, Odile Jacob, 2011.
4. Thomas C., *L'Esprit de conversation,* Paris, Rivages, 2011.
5. Revue *Penser/rêver*, n° 18, Paris, L'Olivier, 2010.
6. Naouri A., *L'Enfant bien portant, les fondamentaux,* Paris, Odile Jacob, 2010.
7. O'Brien Edna, *Crépuscule irlandais*, trad. par P.-E. Dauzat, Paris, Sabine Wespieser, 2010.
8. Desarthe A., *Dans la nuit brune,* Paris, L'Olivier, 2010.
9. Braconnier A., *Mère et fils,* Paris, Odile Jacob, 2005, 2007.
10. Témoignage recueilli par un groupe de journalistes du magazine *Elle*, 26 août 2011.
11. Brunet C., Sarfati A-C., *Petit Tracas et gros soucis de 1 à 7 ans,* et *Petit Tracas et gros soucis de 8 à 12 ans,* Paris, Albin Michel, 1998, 2004.
12. Cela peut être remis du moins légalement en question par le projet gouvernemental de « confier un statut aux beaux-parents », afin d'aider à restaurer l'autorité.
13. Comencini C., *Quand la nuit,* Paris, Grasset, 2011.
14. Boris Birmaher : « Remission of a mother's depression is associated with her child's mental health », *Am. J. Psychiatry,* 2011, 168 (6), p. 563-565.

## *Chapitre 17*
## Être père aujourd'hui

1. Bernard Pivot, *Les Mots de ma vie,* Paris, Albin Michel, 2011.
2. Lamour M., « Coconstruire la parentalité : une expérience de recherche-action-formation à la crèche », *in* André J. et Chabert C., *L'Oubli du père,* Paris, PUF, 2004.
3. Braconnier A., *Les Filles et les pères, op. cit.*

## *Chapitre 18*
## Les grands-parents

1. Cité par la revue *Psychologies Magazine,* février 2011.
2. Le Bihan A.-S., *Si tu dis non, je vais chez mamie,* Paris, Larousse, 2011.

## *Chapitre 20*
## Les conflits entre parents

1. Programme de l'Espace parent-enfant de la commune, d'Issy-les-Moulineaux, 92.

## *Chapitre 21*
## Les trois profils de parents

1. Bramly M., *Mon petit bunker,* Paris, J.-C. Lattès 2011.
2. Rabinovitch G., *Comment ça va mal ? L'humour juif, un art de l'esprit,* Paris, Bréal, 2009.
3. Bollas C., *Les Forces de la destinée,* Paris, Calmann-Lévy, 1996.

## *Annexe 1*
## Petit guide de survie ou douze conseils pratiques

1. Kirschner S., Tomasello M., « Joint music making promotes prosocial behavior in 4 years old children », *Evolution and Human Behavior,* 2010, 31 (5), p. 354-364.
2. Marcelli D., *La Surprise, chatouille de l'âme,* Paris, Albin Michel, 2000.

## REMERCIEMENTS

Je remercie tout d'abord toutes celles et tous ceux qui m'ont accordé leur confiance, qui ont enrichi ma réflexion et que j'ai tenté d'aider le mieux que j'ai pu.

Les illustrations qui ont été inscrites dans cet ouvrage sont des synthèses reconstruites et transformées de plusieurs histoires. Elles sont dans ce sens racontées de façon à préserver l'anonymat.

Je remercie aussi tout particulièrement tous mes proches et tous ceux qui m'ont conseillé sur l'écriture de ce livre.

J'exprime toute ma gratitude à Odile Jacob pour son amitié et son constant soutien ainsi qu'à toute son équipe.

# TABLE

## DEUXIÈME PARTIE
## LES CINQ PRINCIPES À REMETTRE EN QUESTION

## QUATRIÈME PARTIE
## ÊTRE PARENT

Cet ouvrage a été transcodé et mis en pages
chez Nord Compo (Villeneuve-d'Ascq)

*Impression réalisée par*

BRODARD & TAUPIN

La Flèche (Sarthe), le 30-08-2013
N° d'impression : 3002010
N° d'édition : 7381-2998-X
Dépôt légal : septembre 2013

*Imprimé en France*